日本人のための怒りかた講座

パオロ・マッツァリーノ

筑摩書房

日本人のための怒りかた講座【目次】

5　怒るのは正義のためではありません　119

あなたは正義を信じますか／守護天使と正義／正義だけが、なぜか完璧を求められる／正義を殺すのは完璧主義／本物の完璧主義者とニセモノ完璧主義者／気が向いたときだけ怒ってもいいんです／自分のために怒ろう／正しさの基準に正解はない

6　注意するのは危険なことなのか　137

図書館でケータイ使う中高年／マナー違反を放置する怠慢職員／図書館での正しいケータイマナー／注意できない理由は暴力と反論？／考え抜いたほうがラクになることもある／注意するのはナンパと同じ／注意して暴力をふるわれた実例／なにを注意されたら、カッとなるのか／犯罪統計における暴行・傷害の実態／私は注意して殴られたことはありません／注意して受け入れられても、報道されない／近年なにかが増えたというイメージ／電車内でのマナー違反への注意、実際の反応は？／注意して暴力を受けないための予防措置／ある日の電車での音漏れ君／実行不能な対処法／注意してシカトされたら、こっちの勝ち／深追いせずにうまくいった例／まとめ・注意する際のコツ

日本人のための怒りかた講座

文庫版まえがき　有名人の怒りかたを採点してみよう

　怒りたいのに怒れない。注意したいけど、やりかたに自信がない。怒れないから余計イライラして、怒りが自分のなかに際限なく積み上がっていく。しまいには怒りたい相手だけでなく、怒れない自分までも嫌いになっていく……。

　そんな葛藤に悩んでいるみなさん、本書を手にとってくださったのもなにかのご縁、しばらくのあいだ私の話におつきあいください。

　申し遅れました、私、怒りマイスターのパオロ・マッツァリーノです。お米マイスターみたいな肩書きですが、そんな資格は実際にはありません。いま思いつきました。イタリア風に怒りマエストロにしたほうがいいかな、なんてのはどうでもいいですか。

　私はこれまでマナー違反をしている日本人に、何十回となく注意してきました。もちろん相手はまったく知らない他人です。年寄りに対してもこどもに対しても、公共の場で、私ひとりでやってきました。ですからマイスターとまではいかなくても、みなさんにコツをアドバイスできるくらいにはなれたかと。

日本人の気質や日本文化を長年研究してきた私が、身を持って実践した上で体得した、日本人にとってベストと考えられる怒りかた、注意のしかたを、本書では具体的に伝授いたします。

そこで手始めに、芸能人や有名人が他人を注意した様子を私が採点してみたいと思います。

いまや芸能人や文化人も、あたりまえのようにブログやツイッターを使い、日々の身辺雑記を発信しています。

有名人は人気商売ゆえに、他人とのもめごとをできるだけ避けているはずですが、彼らだって感情がある人間です。ときには他人の言動にイラッとして、怒ったり注意したりしてしまうこともあるでしょう。そんな様子をブログやツイッターにつづっている例がいくつかみつかりましたので、三例を評価してみます。

まずはお笑い芸人の松本人志さん。二〇一六年二月二〇日のツイッターで、ラーメン屋で居合わせた迷惑な客に注意した様子を書いてます。短いので全文を引用します。

　さほど広くもないラーメン屋で大きな声で携帯で話す客に注意。ほんとは君の仕事だよと店員に注意。一部始終をただただ黙って見てた後輩に注意。。。オレいつかしばかれんのかな？負けへんぞ！

すばらしい。文句なしのA判定です。本書で私はしつこく繰り返しますが、他人に怒ったり注意したりする行為は、コミュニケーションなのです。コミュニケーションとは自分の気持ちを相手に伝えること。相手の行為に怒ったのにその怒りを伝えずガマンしてしまったら、コミュニケーションは成立しません。あなたの気持ちは永久に相手に伝わりません。

　このときの松本さんはデカい声で携帯で話していた相手にじかに注意して、自分の気持ちを伝えています。さらに評価が上がるのが、知らんぷりしてた店員にも注意しているところです。これは私も図書館で何度か同じことをやりました。図書館の職員にも、マナー違反者を見て見ぬフリする人がとても多いのです。相手だけでなく周囲も巻き込む注意はとても効果的です。

文字制限があるツイッターでの発言なので詳細がわからないのですが、「ほんとは君の仕事だよ」という文章から判断するかぎりでは、松本さんは激昂せず、客にも店員にもていねいな言葉で注意したものと思われます。

松本さんは注意したことで逆ギレした相手から暴力の報復をされる心配をなさってます。いまこの本をお手に取ったあなたもきっと、それを心配してますよね。

私の経験上、ていねいな言葉と態度で注意した場合、相手から暴力を受ける確率は非常に低いです。相手が気分を害したとしても、たいていはシカトされるだけで終わります。

シカトされたことにムカついて、てめえ、このやろ、バカヤローといった挑発的な言葉で深追いするのは相手の暴力衝動を刺激することになるので、絶対にやめてください。

続いては歌舞伎界から市川海老蔵さん。二〇一六年三月七日のブログ記事を抜粋します。

新幹線に乗った海老蔵さん、後ろの席の五、六〇代男性がずっと音を立ててゲームをしていることに腹を立てます。無言で相手の顔を見て不快感を伝えようとするも、音を少し小さくしただけで消してくれません。耐えかねた海老蔵さんは車掌を呼んで注意してもらったところ、そのあと男性からずっとニラまれました。

これは結果的には目的を果たせましたけど、注意のしかたとしてはB〜C判定ですね。

マナー違反者に対してアイコンタクトや表情で怒りを伝えようと試みる人が少なくないのですが、あなたがエスパーでないかぎり、それは往々にしてこちらの意図を誤解されるだけで終わります。かえってこじれることも珍しくありません。しぐさや表情で自分の意図が五五パーセント相手に伝わるとするメラビアンの法則なるものが広まってますけど、あれは論文を誤読した人が広めたデタラメ理論です。メラビアン博士本人が、その解釈はまちがいだと苦言を呈してます。言葉でなければ意図は正しく伝わりません。

このケースだと、海老蔵さんは音を消してほしくて相手をニラんだのに、相手は音を小さくしてほしいのだと解釈しました。ここで生じたミスコミュニケーションが、さらなる誤解を招きます。相手としては海老蔵さんの要求に応じたつもりになってたんです。自分は相手の要求を飲んで折れた。なのに再度車掌を通じて注意された。なんで二度も注意されなきゃならねえんだよ！　と相手は腹を立て、海老蔵さんをニラみつけたのです。

ですからこの場合は最初から、直接言葉で「音を消して遊んでいただけますか」と具体的に要求を伝えるか、もしくは車掌を通じてそれを頼むかするべきでした。

最後は青山繁晴さん。シンクタンクの社長さんだそうです。二〇一六年二月二一日のブログより。

青山さんが同行者と新幹線に乗ると、通路を挟んだ席の男女四人が、周囲がびっくりするくらいの大声で宴会ゲームみたいなことに興じていました。青山さんはこのとき不快に思いながらもガマンしてなにもいいませんでした。

翌日そのときの同行者に、昨日の連中はうるさかったね、と話を振ると、同行者は同意して、あれは『笑点』に出てる落語家ですよと教えます。

それを知った青山さんは急に怒りはじめます。多くの視聴者に支えられている人気番組の出演者たる有名落語家があんな振る舞いをしてはいけない。もしあのとき有名な落語家だと気づいていたら、自分の名を名乗った上で彼らに注意していただろう、とブログに怒りをつづるのです。

残念ながらこのケースはF判定。つまり落第です。評価できるところはひとつもありません。

なによりダメなのは、その場でなにも行動を起こさなかったこと。松本さんのように相手に直接注意するか、もしくは海老蔵さんのように車掌に頼んで注意してもらう選択もあったはず。なのに青山さんはガマンすることを選びました。

ガマンすることがいけないとはいってません。相手がヤクザみたいな場合など危険を感じたなら、注意せずにガマンするのが正しい選択です。

ただし、注意せずにガマンするのはすなわち、相手のマナー違反行為を黙認したことになります。黙認するということは、相手を批判する権利を放棄したということです。

青山さんがよくないのは、ご自分の責任と判断で黙認したにもかかわらず、あとで相手が有名人だとわかった途端に、ブログで攻撃しているところ。

しかもご自分がその場で注意する勇気がなかった事実は棚に上げ、相手だけを一方的に責めてます。自分が黙認したことに関しては、あとづけでなんやかやと理屈をこねて正当化してるんです。

青山さんがマナー違反を注意するかどうかの判断基準もよくわからない。「あくまで公共という視点から、注意せざるを得ないときに限って注意します」とのことですが、新幹線での落語家の騒ぎは、ブログを読むかぎりではだれが見ても完全に公共マナーに反するレベルです。これがセーフなら、いったいなにがアウトなのですか？

有名人だからいけないという論理もいただけません。マナー違反行為に迷惑してる被害者にとっては、加害者が無名人か有名人かは関係ありません。テレビに出てる有名落語家ならダメだけど、無名の前座なら許されるのですか？

さらに、もし相手が有名人だとわかっていたら、自分の名を名乗った上で注意していただろうというくだりも意味不明。なぜ他人のマナー違反を注意するのに自分の名前や肩書きを教える必要があるのでしょう。マナー違反に注意する権利は、幼稚園児から老人まで、すべての人が持っています。たとえマナー違反者が総理大臣であったとしても、無名人が名を告げず注意してよいのです。もちろん逆に、総理が身分を明かさず、無名人のマナー違反者を注意する権利もあることは、いうまでもありません。

他人に怒る、他人に注意するという行為はあくまで、相手の行為そのものに対してなされなければなりません。てめえ、バカヤローなんて言葉を決して使うなと釘を刺すのは、それが相手の行為でなく人格を攻撃することになるからです。

行為のみが重要だからこそ、注意する側もされる側も何者であるかを問題にしてはならないのです。

さてと、しょっぱなからずいぶんキツいダメ出しみたいになってしまいましたけど、たまたま青山さんの行動といいわけが、他人に注意できない人たちの典型的なパターンにピタリと該当したので、失敗例として取りあげさせてもらいました。「公共のため」や「正義のため」という概念を重視する人。じつはこれこそがまさに、他人に注意できない人に共通する特徴なんです。意外でしたか？　なぜそうなってしまうのかについては、本文中で詳しく考察しています。

本書は、むずかしい理屈を説く思想書の類ではありません。私の実体験と調査研究をもとに、わかりやすく説明していますので気軽にお読みください。

私だって若いころは他人に注意なんてできず、悶々と怒りを抱えてました。おっさんになって少しは肝が据わってきた（ずうずうしくなった？）ので、試行錯誤してみる気になったんです。そうして、じょじょに効果的と思えるやりかたを学んでいきました。

私のマネをしろなどと強制する気はありません。これなら自分にもできそうだと思った部分だけ、ほんの少し実践していただくだけでも、溜め込んだ怒りを小さくできるはずです。くれぐれも、ムリはなさらぬよう、お願いします。

はじめに――むかしから叱れなかった日本人

教育というものは、したことはなくても、された経験ならだれでもあるせいか、みなさん、一家言《いっかげん》お持ちのようです。そんなわけで、ちまたには教育論と称するものがあふれているのですが、困ったことに、きちんとした根拠にもとづいた論は、ほとんどありません。大学教授でさえ、歴史も科学もすべて無視した精神論を平気で口にしているのには呆れます。

なんの根拠も裏づけもなく、教育はこうすればよくなるはずだと決めつけてます。理論的な裏づけはなくとも、ご自分で試した経験からいうなら、それはそれで拝聴に値しますけど、試してもいないのに、効果があるかのごとく述べている机上の空論が多すぎます。かくして教育論のほとんどは、未検証のうさんくさい仮説にしかならないのです。

教育論とひとくちに申しましても、おおまかにいって、二種類にわけられます。学習・勉学に関する教育論と、社会性や人間性に関する教育論。

学習に関する教育法や教育論は、なんだかんだいっても結果がすべてなので、わかりやすい。テストをやって成績があがったかどうか確かめれば、教育法の良し悪しは一目瞭然。もっともらしい脳科学理論みたいのをこじつけたところで、効果がないとわかってしまえば、自然と淘汰されていく運命にあります。

問題なのは、社会性や人間性を養う、いわゆる道徳教育のほうなんです。一般に教育論というと、こちらを指していってることのほうが多いようにお見受けします。こちらは学力論よりもうさんくささは倍増します。なぜなら、効果を測定できないから。道徳のペーパーテストが存在しないのは、やっても意味がないからです。

問題：あなたが電車で座席に座っていたら、杖をついたお年寄りが乗ってきました。
　あなたは席を譲りますか？

答え：はい。

筆記試験なら、ほぼ全員一〇〇点獲れます。一人か二人ひねくれたヤツが「場合による」とか書くくらいで。

ただし、はいと答えた生徒たちが、実際の場面に遭遇したとき席を譲るかどうかは未知数です。寝たふり、気づかないふりして譲らない子もいるはずです。あるいは、見知らぬ年寄りに席をどうぞと声をかけるのが恥ずかしくてやれない子もいるでしょう。抜き打ちで実地試験をやってみたら平均点が三〇点くらいだったとしても驚きません。

道徳教育の効果をきちんと確かめるには、こっそり生徒を尾行して、行動を観察するしかないのですが、それをすべての生徒に行うのは不可能です。

教育「再生」という幻想

効果を測れないのをいいことに、イメージ先行で根拠のない教育論を語る輩が後を絶ちません。検証もしてない、実践を経てもいない、理想論の言葉だけが一人歩きしています。

代表的な例が「教育再生」ね。むかしの教育やしつけを復活させればこどもたちはよくなる、ひいては社会もよくなるのだとするこの言葉。ご年輩の政治家・識者・評論家がしばしば使ってまして、聞いてる側もたいした疑問も抱かず、なんとなく受け入れちゃってますけど、ちょっと待ってくれませんか。

言葉の意味をいまいちど、よーく考えてみてください。「再生」という言葉は、以前うまくいってたものがいったんダメになり、またよい状態に戻るという一連の流れを意味します。つまり「教育再生」と声高に叫ぶ人たちは、「以前の教育はうまくいってたが、いまの教育はダメになった。だから教育を建て直さねばならぬのだ」と考えているわけです。

学力についてなら、近年低下したとするデータもあるので、再生を目指すのも一理ありますが、道徳教育について再生という言葉を使われますと、私は強く違和感をおぼえます。むかしはこどももオトナも道徳心がしっかりしてたが、近年は人心が荒廃し社会が堕落した。だからよかった状態に戻そう、とおっしゃりたいわけですね。では道徳教育がうまくいってた時代って、いつのことなんですか？　高度成長期？　それとも戦前？　江戸？　室町？

非常に残念なことですが、歴史通や歴女《れきじょ》を自認するみなさんのご興味は、太平洋戦争か幕末の志士か戦国武将、たいていはこの三つのどれかに偏ってます。近・現代の庶民史や文化史に関しては、ほとんど無知といってもいい状態です。

私は日本の近・現代の庶民史や文化史に興味を持ってずっと調べているのですが、

史料を調べるたびに痛感させられるのです。世間でなかば常識として語られる過去のイメージのかなりの部分が、あとから厚化粧で美化されたデフォルメにすぎないということを。なかでも「むかしはよかった」というイメージほど、史実とかけ離れていて信用できないものはありません。

むかしのこどもたちの電車内マナー

わかりやすい例で、化けの皮をはがしてあげましょう。戦後の混乱期から脱し、高度成長へと向かいはじめた昭和三一年。その年、四月三日の読売新聞には、教育文化に関するこんな記事が載ってます。

学校の遠足などのとき、近距離であれば、貸し切りの専用列車でなく、一般の乗客も乗っている普通電車に相乗りすることはよくあります。この昭和三一年の新聞記事では、生徒が車内で騒いだり走り回ったりして他の乗客に迷惑をかけても、引率の先生がこどもたちを注意せず、知らんぷりで放っておくケースが目立つようになったと報じてるんです。社会道徳と学校教育についての問題提起です。

で、この現象について記者からコメントを求められた東京都指導主事なる役職のかたは、こう分析します。「戦後の教育が自由を強調されすぎたため、規律やしつけがなおざりにされたからだ」。

なるほど。自由や個人を尊重する戦後教育の失敗が、社会や人心が荒廃した原因だとする説は、いまでも広く信じられています。ことに、戦後に増えた社会主義思想寄りな教育者を敵視する保守主義者はこの説が大好物です。「教育再生」を掲げ、古き良き時代の教育理念に戻れ、と主張する人たちの層もこれとかぶるのかも。

では時代をさかのぼり、太平洋戦争開戦直前、昭和一六年六月一〇日の朝日新聞夕刊を読んでみましょうか。現在の朝日新聞の読者投書欄は「声」というタイトルですが、戦前は「鉄箒」でした。これ「てっそう」と読むらしい。由来はよくわかりません。朝日のかた、ご存じでしたら教えてください。

この日の投書は電車内での公衆道徳に関するものが二題。一通は、電車に乗ってたら、遠足の小学生が乗り込んできて、車内を走り回って騒いだけど、引率の先生はまったく制止しようともしなかった、と憤るもの。

私、これ読んだとき、思わず新聞の日付を確認しちゃいました。平成一六年じゃないよね？　ああ、まちがいなく、昭和一六年です。おやおや。昭和一六年も昭和三一年も、報じられてる状況はまったく同じじゃないですか。戦前の教育は、規律やしつけを重んじていたのではなかったのですか？　その実態がこれとは、がっかりです。

教育勅語の精神は？　論語の精神は？　その効果は、いったいどこへ消えたんです？

この投書にはまだ続きがあります。投書者は電車の一件を知人に話すのですが、その知人いわく、「近頃の先生は、先生たることを喜ばず、大衆の前で先生として取扱われるのを嫌うのだ」そうな。これには個人のうがった見かたがかなり含まれてますけど、とりあえず、戦前にだって社会常識や責任感のない教師がいたのだという事実だけは、うかがえます。社会道徳に関しては、戦前も戦後も一貫してゆとり教育なんです。

もう一通の投書者も、電車に乗ってたら国民学校の生徒が何人か乗ってきて、車内を走り回っていたと怒ってます。「家の庭と電車の中と間違えるような子供が、いかにして、社会のますます烈《はげ》しくなる規律を、守り得る立派な公民となることが出来よう。愛する事と甘やかす事を混同してはならない」と、時局を反映した、いかにもといった正論で結びます。

たいへんご立派な意見です。愛することと甘やかすことを混同するなってくだりには、まったく同感です。ではありますが、非常に残念な点があります。文面から察するに、この投書者が、走り回る生徒に注意した様子はないんです。

立派な教育論を語るのはけっこうですが、それをあとから新聞に投書しても単なる自己満足にしかなりません。その場で注意しないかぎり、こどもたちには、なんの教育的効果ももたらしません。車内を走り回ってるこどもが新聞の投書読んで、ボクのことか！ と反省する確率は、かぎりなくゼロに近いのですから。

私はよその子を叱ります

現在六〇代かそれ以上のご年輩のみなさんは、しばしばこんなことをおっしゃいます。

「むかしは、近所のおじさん（おばさん）や知らないおじさん（おばさん）が、よその子も叱ってくれてたのよねえ」

「コワかったけど、愛情があったよな」

「むかしは、社会全体で子育てをしようって風潮があったんですよ」

それを聞いた若い親たちも同調して、

「いまの世の中にも、そういうおじさんがいてくれたら、助かるんですけどねえ」

はい、この人たちはみんな、いずれ大変な試練に見舞われることになります。日本風の表現だとなんでしたっけ……そう、うそつきは地獄でえんま様に舌を抜かれるのです。

彼らの口ぶりだと、そういうおじさんがあらわれるのを待ち望んでいるかのように聞こえます。いまの世の中にそういう人があらわれたら、拍手を持って迎え、肩をたたいて歓迎し、国民栄誉賞でも授与しそうな持ち上げようです。でも、そんな甘い言葉を真《ま》に受けてはいけません。

というのも、じつは私、よその子やよその親、よそのオトナをけっこう叱ります。知らない人にも注意します。本当に〝叱る近所のおじさん〟を実践している四〇代の奇特な男です。

たとえば電車の中で、小さなこどもが窓の外を見ようとして、靴を履いたまま座席にのぼってたら、「ちょっと、そこのお母さん、お子さんの靴を脱がせてください」と声をかけます。

図書館で小さなこどもがどたどた走り回ってたら（小さいこどもには直接いってもポカンとするだけなので）その親に、「お子さんを走らせないでください」と注意します。

自分では、叱る、注意してるという感覚はなく、社会道徳的に不快な行為をやめるよう〝交渉〟してるだけなのですが、まあ、世間的には私の行為は叱ってるように見えるでしょうから、とりあえず〝叱る〟〝注意する〟って表現にしておきます。

ご年輩のみなさんの言葉を信じるなら、そういう叱る行為を積極的に何度もやってる私は、みんなから感謝と尊敬を集める存在となっているはずですよね。

現実はちがいます。よその子や親に注意して、ありがたがられたことなど一度もありません。無視されることはしょっちゅうですし、ごくまれに、敵意に満ちた目でにらまれることすらあります。

私が暮らしてる団地では犬の飼育は禁止されてるのですが、なかにはルールを無視して堂々と飼ってるうちがあります。そのうちの一家族のこどもが、リードをつけずに犬の散歩をしていたのとたまたま行き会ったので、リードをつけなさいと注意したら、恐ろしい形相でニラみ返されました。翌日、その親にもニラまれました。

ペット飼育禁止は団地のルール、散歩中の犬にリードをつけるのは自治体のルールです。ふたつもルールを破った上に、それを注意されると、親子ともどもガンを飛ばして反抗するんです。

犬を飼うのはこどもの情操教育にいいなんてのはウソです。「犬のしつけができない人は、こどものしつけもできない」。これが真実です。あのこどもは、かわいい犬を飼いたいという自分の欲望を実現するためなら、ルールを破ってもかまわないという教育を受けて育ってるのですから、オトナになってもそういう生きかたをすることでしょう。

しかし、そういう救いようのない親子は少数派です。図書館で走り回ったり、電車の座席に靴のままあがってるこどものお母さんに注意すると、ほとんどの親は、黙ってこちらの注意にしたがってくれます。

ついでにいうと、そうやって注意しても、「すいません」も「教えてくれてありがとう」のひとこともありません。黙ってしたがってくれるだけ。

いえ、それで全然かまわないんですよ。私は他人に注意することで尊敬されたいなんて、これっぽっちも考えたことはありません。謝罪も反省も感謝も求めません。私の目の前で、靴を履いたままのこどもを座席に上がらせる不快な行為をやめてくれれば、百パーセント満足です。今後、私がいないところでもそれを続けてくれれば、なおけっこう。

ただ、注意された母親たちはなにもいわない代わりに、おしなべて奇妙な表情を浮かべます。口には出さないものの、たぶん心の中ではこんなことを考えてるのでしょう。「いま、全然知らないおじさんに注意されたよね……他人を叱るおじさんって、マジでいるんだ……」

彼らにとって、よそのこどもを叱るおじさんは、老人が語る昔話でしか聞いたことのない、この世に存在するはずのない伝説の生きものなのです。だから自分の目の前にあらわれると、まさに天狗か河童を目撃したかのような奇妙な表情で、私を見るのです。

叱らない人は、やさしいのでなく、無関心なだけ

それよりもっと気になるのは、そのお母さんたちでなく、周囲の反応のほうなんです。

電車内には、常識をわきまえてそうな顔をした、五〇代六〇代の年輩男女がたくさん乗ってたんですよ。彼らは、こどもが土足で座席に上がってるのを見てるのです。彼らのそれがよくないことで、やめさせるべきだと考えてた人も絶対いたはずです。彼らの世代なら、自分がこどものころ、親にそうしつけられ、自分もこどもにしつけてた人も多いのではありませんか。

なのにだれひとりとして、目の前で起こっているぶしつけな行為に対し、それをやめさせようとはしないのです。見て見ぬふりするんです。

なぜでしょうね。公衆の面前で他人に話しかけるのが恥ずかしいのですか（人見知り？）。暴力沙汰などのトラブルに巻き込まれるのを恐れてるのですか（相手は幼子を連れた若い母親なのに？）。注意することでウザいオトナだと嫌われたくないのですか

（ふたたびその親子に会う機会はまずないのに？）。ささいなことには目をつぶって許すことで、自分の度量の広さをアピールしたいのですか（なにもいわないのは、いい人ではありません。無関心な冷たい人です）。

問題外なのは、靴を履いたまま座席に上がっても、膝をついてるだけなんだから、座席やとなりの人の服を汚さないかぎりはいいじゃないか、というとってもリベラルなご意見。

そういう人たちは、こどもの行動をわかってません。こどもってのは、じっとしてないんです。お人形さんじゃないんです。叱らずに観察しててごらんなさい。最初は膝をついてても、必ず、そのうちもぞもぞ動いて靴底を座席につけたり、立ち上がったり、となりの人の脚を蹴ったりしますから。

悪い結果が予想されるなら、予防につとめるのが知性ある人間です。そう私がいっても、事故は起こるまでは安全だといい張る知性のない人たちが長年原発を動かしてきた日本では、説得力を持ちませんかね。

じつは、こどもが泥靴のまま座席にのぼっても叱りもしない親がいる、と憤慨する新聞投書も、戦前、戦後を通して見られます。この問題にかぎったことでなく、公共の場での道徳をわきまえない、非常識で自己中心的な日本人は、戦前にもたくさんいたのです。

なにしろ、大正一三年の読売新聞の投書欄に、「近頃は私のような年寄りが電車に乗っても若い人たちが席を譲ってくれない。本を読むふりなんかして腹が立つ」と七〇歳のおばあさんが投書してるんですよ。社会道徳は戦後やバブル崩壊後に廃れたわけじゃないんです。戦前、明治大正の時代から、状況はまったく変わってません。

そして、そういったぶしつけなこどもやオトナの行動を見て憤慨するも、その場で面と向かって相手にいえない人がほとんどなのも、いまと同じ。その場でいえず、あとで新聞に投書してうっぷんを晴らす気弱な正義漢がたくさんいたのも、いまと変わりません。いまならさしずめ、その場でいえなかった怒りを、あとでブログやツイッターに書きこむのでしょう。メディアが変わっただけで、やってることは一緒です。

つまり、勝手なことをする人間と、それを不愉快に思いながらも叱れない人がいて、結局は勝手な人間がのさばり続けるという世間の構図は、戦前もいまも、ずーっと変わっていないのです。

戦前の保守教育も戦後のリベラル教育も、公徳心や社会道徳を育むという目標においては、どちらも失敗しています。これが、庶民史の真実です。

お手本にする成功例が過去に存在していないのだから、「教育再生」という言葉は今後一切使わないでくださいね。使ったらウソになります。

お叱りおじさんは都市伝説か？

それにしても妙ですね。ご年輩のかたがたの思い出話を信じるなら、むかしはよその子を叱るおじさんがたくさんいたなら、「電車の中で走り回ってたこどもを、見知らぬおじさんが一喝しておとなしくさせていた。胸がすくような思いがした」みたいな新聞投書がもっとあってもよさそうなもの。私もそれを期待して探したのですが、まだ見つかりません。

目撃情報もない。オレは実際に近所のガキを叱ってたよという本人の回顧談もろくにない。一方で、そういうおじさんがいた、といういい伝えだけがたくさんあるというのは、これ、典型的な都市伝説のパターンじゃないですか。

私が思うに、他人やよその子を積極的に叱るおじさんなんてのは、戦前でもやはり少数派の存在だったのではないでしょうか。よその子にはなにもいえずガマンしてた気の弱い人が多数派を占めるなか、積極的に叱るおじさんは珍しいからこそ、印象に残ってたと考えたほうが腑に落ちます。ご年輩のみなさんの記憶の中で、美化されたおじさんたちのイメージが増殖し、むかしの人はみんな叱っていたような気がしてるってだけなんじゃないですか。

それどころか、実際何度も実践してる私の経験からすると、ひょっとしたらむかしもそういうおじさんは、和を乱すうるさい人、町内の変わり者、うざいオヤジ、みたいな目で見られてたり、自分勝手なヤツだと嫌われてた可能性すらあります。そういうおじさんが死に絶えていなくなってから、みんなの記憶の中で美化されていったんじゃないですかね。

近所のこどもも叱れないのに、天下国家を語ってはいけない

百歩譲って、私の推測がまちがっていて、むかしの日本にお叱りおじさんはたくさんいたのだとしましょう。そのほうが私も嬉しいし。

ただね。それで、むかしのオトナがやってた良い習慣が失われてしまった、と嘆くのであれば、そういう中高年のみなさんが、いまからそれを実行してくれませんか。それだったら、真の意味での教育「再生」と認めましょう。自分ができもしないことを遠くから叫んで、だれかがやってくれないかと期待するだけなら、それはズルい料簡ですよ。

教育というのは、小さいものなんです。自分の手の届く範囲にしか影響を及ぼせな

いものなんです。ひとつひとつ着実に行わないかぎり、効果は得られません。全国一斉に学校で道徳教育を強化すれば、宗教教育をほどこせば、愛国心を養えば、立派な人間ができあがるだなんて、本気で期待してるのですか？

そういうマクロ的な教育に効果が期待できないのは、いま私があげた実例が証明しています。土足で電車の座席にあがることが社会道徳的によくないことだと、みんなアタマではわかってる。でも残念なことに、道徳教育の効果はここまで。ほとんどの人は、目の前で不道徳な行為が起きていても、やめさせようと行動せず、見て見ぬふりをするほうを選びます。これが道徳教育の限界です。

頭でわかってるだけでなく、実行しないとね。思想や言葉を並べるだけじゃ、世の中は一ミリも動きません。近所のこどもやオトナを叱れないくせに、天下国家のあるべき姿を論じて満足してるような輩など、私にとっては軽蔑の対象でしかありません。

べつに私は、ナイフを振り回す通り魔を取り押さえろといってるんじゃないんですよ。タバコを吸ってる未成年のヤンキーに注意しろといってるのではありません。そういうのは道徳でなく法律の管轄ですから、すぐに警察を呼んでまかせるべきです。

そうじゃなくて、自分が対処できそうな小さなことを、ちょっとずつでいいからオトナのみなさんに実行してほしいんです。だれかの不道徳な行為を不快に感じたなら、ガマンせず、じかに相手に伝えてほしいんです。本やブログやツイッターに書いたってムダ。それを読んで賛同するコメントを書く人もまた、他人に面と向かってはなにもいえない同類です。同類同士で傷をなめ合っても、肝心の相手にはなにひとつ伝わりません。

自由と個性の偏重が戦後社会を堕落させた、などともっともらしいことをおっしゃる理論家の先生には、こうおたずねします。そういうあなたは、自分のご近所をよくするために、いったいどんな具体的な活動をされてるのでしょうか。近所のこどもや、電車に乗り合わせたオトナが不作法で不愉快なことをしていても、なにもいえないような人には、天下国家を語る資格などありません。

私だって物書きの端くれですから、理屈をいいます。でも、口先だけのヘタレ評論家やインチキ作家にはなりたくないので、私は現実の世の中と少しでも関わって、実践することを選んだのです。現実の世の中と関わったって、原稿料は一銭も出ませんけどね。

現実の世の中と関わりたい人のために

他人に怒り、他人に注意し、現実の世の中と関わろうとする人が、少しでも増えてくれることを、私は望んでます。そのために、本書では、私が実践したなかで学んだヒントをお教えします。

身体を鍛えたりする必要はありません。弱い人間のままでも、他人に注意することは可能です。私は生まれつきわりと丈夫なたちですが、大男でもないし、筋骨隆々のマッチョでもありません。武道や格闘技の心得は一切なし。本気でケンカになったら絶対負けます。それでも他人に注意できるんです。

どうしても不安なら、足腰と心肺機能を鍛えて、いざというときにすぐ逃げられるように準備してください。ちかごろ、皇居の周りがジョギングする人であふれてるそうですが、逃げ足を鍛えるにはいいんじゃないですか。

身の回りの不愉快なことにいつも怒っているのに、なにもいえずに悩み、そんな自分自身のふがいなさに腹を立ててるかたはいませんか。そういうかたがたにこそ、私が実践して学んだコツをお教えして、実践の第一歩を踏み出していただきたいのです。

なお本書の後半には、実践論に加えて、マナーの歴史や体罰とルールなどに関する文化史・文化論を扱った項目も収録しております。実践には興味がない、世の中や他人と関わり合うことなどまっぴらごめんだ、生きる力など要らないとおっしゃるみなさんは、理論編だけをお読みになっても、近現代庶民史・教育史の通説が音を立てて崩れていく痛快なさまを目撃できることでしょう。

美化された過去のイメージを容赦なくぶち壊すようなことをいったりもしますから、本書を読んで、腹を立てるかたも、なかにはいらっしゃるかと思います——あ、もうここまでですでにご立腹ですか。お怒りになるのはご自由ですが、むかしを美化して懐かしむだけでは、いまは変わりませんよ。

1　叱りかたの三原則①「まじめな顔で」

私はけっこう怒ります

じつはワタクシ、けっこうよく怒ります。自分ではそんなに怒ってるつもりはないのですが、世間の平均値に比べたら、かなり頻度は高いかもしれません。

自分のこどもはいないので、家では怒りません。もっぱら、ご近所や、調べ物で利用する図書館、電車の中など、自分の生活圏、手が届く範囲で、よその子やよそのオトナの行為に腹が立ったり不快になったりしたときに、面と向かって相手に注意します。ですから正確にいえば、手が届くというよりは、声が届く範囲ですかね。

まだまだ、怒り道《いかどう》を究めたというにはおこがましいレベルですが、何年ものあいだ、実践による試行錯誤を重ねたところ、少なくとも、叱りかたや注意のしかたにも効果的なものとそうでないものがあることくらいはわかってきました。

世間やネットで勧められてる叱りかたや、本に書いてある叱りかたは、やってみたらじつは逆効果だった、なんてこともよくあります。

なんでもそうですけど、実際にやってみてはじめて気づく真実ってのがたくさんあるんです。私も物書きの仕事をはじめたころ、こんなアドバイスを受けました。仕事は決して断るな。断るとその人からは二度と仕事はもらえないと思え。なるほど。ところが実際やってみますと、引き受けたからといって、もう一度仕事をくれる人もほとんどいないことがわかりました。人生、一期一会です。

そんなグチはいいとして、いま本書をお読みになってるかたはラッキーですよ。自己流で試して失敗する前に、効果的な叱りかた、怒りかたのコツを学べるのですから。

注意するときは必ずマジメな顔で

怒りかた、叱りかたのコツはいろいろありますが、まずはひとつ、だれもがやってしまいがちなまちがいをあげておきましょう。

ためしにネットの知恵袋みたいな相談コーナーで、よその子の叱りかたについての過去の相談を検索してみたら、こんな回答がついてました。「よその子を叱るときには笑顔で注意すれば、素直にいうことを聞いてくれますよ」。

ああ、これ、ウソです。この回答を書きこんだ人は、実際によその子を注意した経験がないのでは？　頭の中で妄想しただけの理想論を書きこんだんじゃないかと私は疑ってます。なぜなら、実際に何度も注意した人なら、笑顔は逆効果になることを知ってるはずだから。

よその子を叱ったり注意したりするときは、必ずマジメな顔をすること。決して笑顔を見せてはいけません。これが基本中の基本です。

逆に、ムリにコワい表情をこさえてにらみつけたり、声を荒らげる必要もありません。ただ、マジメな顔をしてください。そもそも注意しようと決意した段階で、あなたはすでにかなり怒っていて、表情にもにじみ出ているはずなので、それ以上険しい表情を作ったらやりすぎです。普通にマジメな顔でけっこうです。

私が住んでる団地には、こぢんまりとした広場があって、小学校低学年くらいのこどもたちがいつもサッカーをやってます。私は、彼らがサッカーをやってわあわあ騒ぐことには、たいして苦痛をおぼえません。セミや鳥の声みたいなものと一緒で、気になりません。

そうはいっても、こどもが騒ぐ声もうるさいと怒る人がいたとしても、おかしくはありません。自分が平気だから他人にも平気でいろと強要するのは、共感能力のない身勝手な人間です。自分と他人の尺度はちがっていて当然です。それをいかにすり合わせていくかが、社会で生きるということなんですから。

以前、東京で、公園でこどもが騒いだりスケートボードをやったりする音がうるさいと近所の住民が訴えて、地裁が公園の使用差し止めを命じた事件がありました。当時の週刊誌などに載った読者やコラムニストの意見を読むと、こどもの遊び場を奪うなんてひどいヤツだ、世の中は殺伐となったものだ、などと訴えた側の人を批判するものが多数を占めてました。

でもそれって、ずいぶん無責任な批判です。そうやって批判する人たちは、毎日毎日、家のとなりの公園で大人数のこどもが遊び騒ぐ環境に住んだことがあるのですか。こどもが遊ぶのは昼間です。昼間仕事に行ってて家にいなければ、騒ぎ声がどの程度のものかはわからないはずです。

同じ環境に長期間暮らしてみたら、こどもたちに同情する人たちだって苦痛に感じて怒るかもしれません。報道によれば、うるさいと訴えた人だって、行政などにさんざん掛け合って改善を求めたのに門前払いを食わされ続けたあげくの訴えだったんです。しかも新聞の取材では、裁判所命令のおかげで静かになってホッとした、と支持する近隣住民の声もあったことをつけ加えておきましょう。

とりあえず私の場合、私の環境では、こどもが騒ぐこと自体は気にならなかったんです。ところがある日、彼らのひとりがサッカーをやりながらホイッスルを吹きはじめました。本物の試合っぽい雰囲気を出したかったのでしょう。でもガキってヤツは、すぐ調子に乗るんです。自分がガキだったころを思い起こせばわかりますよね。調子に乗ってなにかをやりすぎて、親や先生に怒られませんでしたか？

このときもやっぱり調子に乗りました。おもしろがってピーピーピーピー、のべつまくなし吹き出したんです。さすがにこれには、うるさいな、と気分を害した私は、すぐに広場へと向かいました。そして、「ホイッスルはピーピーうるさいから、やめてくれないか」と、マジメな顔で冷静な口調で注意しました。彼らが「はい……」と小さくいったので、私は家に戻りました。すぐにサッカーを再開する音が聞こえてきましたが、ホイッスルの音はしなくなりました。

笑顔で注意は逆効果

マジメな顔で注意しなければいけない理由。それは、私は本気できみたちの行為に迷惑してるんだぞ、わざわざ注意するほど不愉快なんだから、やめてくれ、というこちらの本気度を態度で伝えることが、肝心だからです。

かといって、コワい顔や大声で注意するのはやりすぎです。もし相手が気の弱い子だと、過剰におびえさせてしまいかねません。ともだちの前ですっげえ怒られた、と屈辱に感じてしまい、かえって反発する子もいるでしょう。そういうふうに追い込むのは、こちらの本意ではありません。相手の不快な行為をやめさせることが一番の目的なのですから。

日本人は他人（こども、オトナを問わず）に意見をするとき、敵意がないことを示したいのか、相手を傷つけまいとしてるのか、笑顔やエヘヘといった笑い声を交えながらいうことがよくあります。でもそうやって注意されると、こどもはこう考えます。「なんか知らないオトナが注意してきた。でもヘラヘラ笑ってるぞ。この人、本気で怒ってないのかな。じゃあシカトしてもいいよね」。

相手を傷つけまいと浮かべた友好のための笑顔が、いい人でありたいと願う善意の表現が、残念ながら逆効果を生むのです。こどもはオトナの本気度を見抜きます。この人は本気じゃないな、と思われたら、注意したその場では従う素振りを見せても、あなたが背を向けて立ち去った瞬間に、またやりはじめます。

そうなるとあなたは、「なんだよ、せっかくやさしく注意してやったのに、いうこと聞かないなんて！　親のしつけがなってないんだ！」と自分の叱りかたが悪かったせいだとは気づかずに、こどもたちやその親、教師を責め、怒りを倍増させてしまいます。

いま、相手がこどものときと限定してお話ししましたけど、じつはよそのこどもの叱りかたと、よそのオトナの叱りかたは、基本的には一緒なんです。言葉づかいを相手の年齢に応じて変えるだけで、基本的なテクニックは同じものが使えます。

オトナの権利を主張せよ

私が注意したらよその子がおとなしく従ってくれたというのは、たまたまだったんじゃないか？　はい、それは否定できません。さっきの例ではうまくいきましたけど、もちろん、私の方法で一〇〇パーセントうまくいくとはかぎりません。トータルすれば、うまくいかないことのほうが多いですね。

怒りかたや叱りかたに特効薬などありません。あったとしたら、それは過剰な暴力などを伴う劇薬なので、良識あるオトナは使用すべきではありません。特効薬がない以上、なかには当然、いうこと聞かないやつもいます。二度三度注意してようやくしぶしぶやめることもあります。自分のこども時代を思い出してください。つねにオトナのいうことを素直に聞いてました？　聞かなかったでしょ。私もです。こどもってそんなもんです。叱ってきたオトナをバカにする態度を取ったりもします。それでよけいに腹が立つこともありますとも。

だからといって、あきらめたり放置したりしてはいけません。ダメなことはダメだと、オトナの権利を主張するのがオトナの務めです。体罰肯定派の教育論者はしばしば、こどもには人権などない！　とおっしゃいます。いいえ、なくはないです。こどもにも人権や権利はあります。ただし、オトナの権利とこどもの権利がぶつかったときは、オトナの権利を優先して押しつけてもいいんです。それで不満なら、こどもは権利を獲得するためにオトナを説得しなければいけません。そうやって、民主主義は育っていくんです。

権利を自動的に投げ与えるのは教育ではありません。やさしくて理解があって、なんでも許してくれるともだちみたいなオトナになれば、こどもたちから慕われるとでも思ってるんですか？　そんなのは、こどもに媚びてるだけのキモいオトナです。

激怒するとストレスがたまります

私の経験では、よその子に注意するときのコツ三箇条〝すぐに〟〝具体的に〟〝マジメな顔で〟を守れば、「バカモン！」「コラ！」と声を荒らげずとも、こちらの注意を受け入れてくれる確率はかなり上がります。一〇〇パーセントではないにせよ。（〝すぐに〟〝具体的に〟については項を改めてお話しします。）

過去には私だって、何度いっても聞かない相手に、ついつい声を荒らげてしまったこともありますよ。カンカンに怒って相手を罵倒すれば、さぞかしすっきりストレス解消になるだろう、ってのは気弱な人にありがちな誤解です。激怒するのもパワーを使いますし、あとで後悔することも多いので、激怒するとかえってストレスになります。

激怒して無視されると、余計に腹が立ちます。冷静なトーンで注意して無視されたときのほうが、一応いってみたけど仕方ないか、とあきらめがつきやすい——気がするんです。だから私は、少なくとも最初は、声を荒らげずに注意することにしています。

なお、一度注意してうまくいったからといって、その効果が永遠に続くなどと期待しないように。こどもは、しばらくすると怒られたことを忘れてまたやりはじめます。べつのこどもが同じことをやらかすこともあります。ガキの考えなんて、だいたいみんな一緒ですから。

またか、とうんざりするでしょうけど、気力があるときだけでけっこうですから、根気よく注意してみてください。

公共の場では、叱るパフォーマンスも必要

あ、そうそう、ついでだからもうひとつ、ありがちな例を。ファミレスや回転寿司などの店は家族連れも多いので、こどもが騒いだり泣き出したりなんてことはよくあります。私はそういうところはめったに行かないので、怒ったこともありません。図書館でこどもが走り回ってるのを注意したことは何度もありますけど、ファミレスとかはそういうもんだと、ある程度あきらめた上で入店しますから。

それでも度が過ぎて騒がしかったり、店内を走り回ったりして不快に感じたら、他の客は怒ってもいいんです。聞いた話ですが、実際注意した人が、騒いでたこどもの親にこういわれたそうです。「ウチの子、何度叱っても聞かないんです」。

だからといって、自分のこどもが公共の場でどんなに騒いで周囲を不快にさせても叱らなくていいということにはなりませんよ。

赤ちゃんが泣くのは仕方がないです。でも、言葉がわかる年齢になっていれば、こどもが騒いだら公共の場では「静かにしなさい」と叱らなければいけません。叱って

いうことを聞くかどうかは関係ありません。それは他人に礼儀を尽くすためのパフォーマンスとして、絶対必要なことなんです。

ファミレスなどでこどもが大騒ぎすると、周囲の他の客はうるさいな、と腹を立てます。そのとき親がなにもいわずに放置していると、「なんだあの親は。てめえのこどもを叱りもしないで！」と、騒ぐこどもに対する怒りと、それを叱らない親に対する怒りが積み重なり、怒りが倍増するんです。

親が、やめなさい、静かにしなさいと叱れば、たとえこどもがいうことを聞かなかったとしても、親がいっても聞かないんだからしょうがないよな、と周囲の人たちもあきらめがつきます。親に同情する気持ちも生まれ、怒りが抑えられるんです。

そういった公共の場でこどもを叱るのは、こどものためではないんです。周囲の人に向けたパフォーマンスなのだと考えてください。叱る態度を見せることが、礼儀です。こどもがいうことを聞くかどうかは二の次です（ま、おとなしくなるにこしたことはありませんけど）。

ファミレスはこども連れとかが来るところだから、騒いでもいいじゃないか、ちゃんとした店でなら叱りますよ、という親御さんもいます。もっともらしく聞こえるけど、私はこの言葉、まったく信用できません。ファミレスで叱るパフォーマンスもできない親は、ちゃんとした店でもきちんと叱れないんです。最悪、ちゃんとした店に行ったら行ったで、「こっちは客だぞ、高いカネ払ってんだぞ」みたいな態度で開き直ってこどもを注意しないことも考えられます。

2　叱りかたの三原則②「すぐに」

怒りのソムリエ

オレはささいなことですぐに腹を立ててしまう。オレって、器《うつわ》の小せぇ男だよなあ。もっと寛容な人間にならなきゃダメだよな……。

こんな悩みをお持ちのかた、もちろん男性のみならず女性でも、けっこういらっしゃるのではありませんか？

でも、私からすると、なぜそれを悩む必要があるのか、まったく理解に苦しみます。

田崎真也さんのような一流のソムリエは、凡人には区別できない微妙なワインの味や香りの差を感じ取ることができるのです。みなさんは田崎さんのことを、凄い人だ、優秀な人だ、と評価し、一目置いていることでしょう。

そんな田崎さんにむかって、「ワインのささいな味やにおいのちがいごときで、つべこべぬかしやがって、おまえは器の小せえ男だな!」と否定的な言葉を投げかける人間が、はたしているのでしょうか。もしいたとしても、他の人たちから、自分が味オンチだからやっかんでるだけだろ、とバカにされるのがオチでしょう。

ささいなことですぐ怒る人は、凡人が気づかないような他人の言動の微妙なちがいを感じ取ることができるのだから、怒りのソムリエになる素質があるんです。それもひとつの才能ですよ。怒りを感じる感性を持っていること自体は、なんら恥じることではありません。

問題があるとしたら、感じた怒りを相手に伝えるやりかたがヘタだからです。一流のワインのソムリエならば、試飲したワインの味がお粗末だと感じたとしても、それを作ったワイナリーの人に「くそまじいな、バカ」なんて伝えかたはしません。そんな態度を取れば、いくら一流の感覚を持つソムリエだとしても、人間として軽蔑されてしまいます。怒りのソムリエも同じことですよ。怒りの伝えかたに配慮しなければいけません。

ささいなことで怒る人は、人一倍やさしい人かもなかなか怒らない人は、精神力が強いのでしょうか。人格者なのでしょうか。そうとはかぎりません。ただ単に鈍感なだけ、いわゆる空気の読めない人である可能性も高いのです。自分のことに怒らない人は、他人への共感能力も低いのです。人格者どころか、他人の痛みや苦しみを想像できない鈍い人なのかもしれません。

そういうタイプの人は、自分も平気なんだから、他人もこれくらい平気だろう、こんなことで苦しんだり困ったりするわけがない、と勝手に決めつけて、ガマンや泣き寝入りを迫る薄情な人間です。

一方で、ささいなことで怒るのだけど、じつは、他人に対しても人一倍気配りをしてる人もいます。他人の無神経さに敏感に反応して腹を立ててるからこそ、自分も他人に不快な思いをさせぬよう配慮するのでしょう。

ささいなことでは怒らない人が、必ずしも人間的にすぐれているとはかぎらないのです。怒らない人は他人や世の中のことに無関心な、心の冷たい人なのかもしれません。怒らないからやさしい人だと考えるのもまちがいです。やさしい人だからこそ、不正や不条理に対して人一倍腹を立ててるんです。

それに、ちょっとした怒りでもすぐにおもてに出す人のほうが、あ、いまあの人、怒ってるな、とわかるのだから、かえって安心じゃないですか。腹の中に怒りをしまいこんで、顔にはおだやかな笑みを浮かべてる、なんて人のほうが、あとから遠回しに陰湿な仕返しをされそうで油断できません。普段あまり怒らない人にかぎって、ある日突然怒りを大爆発させることがあるから恐ろしい。それに、職場ではおとなしいいい人が、家では恋人や配偶者に暴力をふるっている……なんてＤＶの例も実際ありますからね。

ささいなことで怒れ

私はむしろ、ささいなことで怒るようにしなさい、とみなさんに勧めたいのです。自分自身も、ささいなことにできるだけすぐに怒るようにしています。私は、怒らないためにすぐ怒るのです。

こんなことをいうと、また、おまえのいうことは矛盾だらけでわからない、といわれそうです。何度も申し上げてるように、「怒る」といっても、私の実際の行動は「自分の権利を主張する」ことですし、声を荒らげることはめったにしません。なので「怒らないためにすぐ怒る」を嚙み砕いていい直すとこうなります。「激怒するのを防ぐために、ささいな段階で注意してしまう」。

心理学者やお坊さんがどんな理屈を並べようと、凡人にとって怒りというものは、理性や精神の鍛錬で消せるものではないんです。これが否定しようのない真実です。それこそ人間の煩悩とか本能みたいなもの。しかも怒りは、ガマンすればするほど、積み重なってどんどん膨らんでいくからやっかいです。

たとえばそうですね、電車の座席にこどもが靴を履いたままのぼってしまうというマナー違反を例に考えます。朝夕の通勤時間帯しか交通機関を利用しないかたはほとんど目撃しないかもしれませんけど、昼間に電車を利用すると、こども連れの母親なんかがいますから、けっこう見かけるんです。

たまたまあなたがそれを目撃してしまったとしましょう。全然気にしないのならけっこうですが、あなたがこどものころ、親に靴を履いたまま座席にのぼるのはいけませんと、しつけられていたとしたら、そのマナー違反を目にしてイラッとくるはずです。

でも、周囲のオトナたちもなにもいわないようだし、自分がこどもだったころとは時代が変わり、世の中の道徳観念も変わったのだろうか。あれはささいな問題で、それに目くじら立てる自分のほうが非常識なのか。車窓の風景を見ながら、母子は楽しそうに会話をしている。それをやめさせる権利が自分にはあるのだろうか。スジを通して注意すべきか、彼らの小さなしあわせを壊さぬよう、自分がガマンするべきか……

そんなことを心の中でぐずぐずと、考え、悩み、迷い、眼力を込めて母子をギロリとにらみつけてみたところで、相手にテレパシーや呪いが通じるわけもなく、電車は駅につき、ぶしつけな母子は何事もなかったかのように楽しそうに電車を降りてしまいます。

注意するタイミングを完全に失ったあなたは、肩の力を抜いてホッとする反面、やはりきちんと注意すべきではなかったのか、と忸怩《じくじ》たる思いで自責の念に苛《さいな》まれるのです。靴を履いたままこどもを座席にのぼらせてはいけないと、だれかが教えないかぎり、あの母親はずっとこどもにさせ続けるでしょう。そうやって育ったあのこどももまた、自分が親になったらこどもにさせるのです。

そういう場面に遭遇したのが一度きりなら、心の奥深くにしまって忘れることも可能かもしれません。でも、現実はそうじゃない。同じようなマナー違反を、あなたは何度も目撃することになるのです。そのたびに「あ、また……」と憤りを感じ、注意するかどうかの葛藤に悩まされ、怒りはどんどん膨らんでいきます。いろんな理由を考えて、理性で納得しようと努めたところで、怒りの感情を抑えることはできません。

そしてあるとき、積もっていた怒りが限界を突破して爆発してしまいます。親子に向かって「おい！　こどもを椅子に上がらせるときは、靴を脱がせろ！　そんなしつけもできねえのか、バカ親が！」と怒鳴ってしまいます。

ところが注意された親も、周囲の人たちも、あなたがこれまで同様の場面に出くわすたびに、何度怒りを抑えてきたか、どれだけ葛藤を重ねてきたか、そういったこれまでの経緯をまったく知りません。だからみんな、あなたを見てこう思います。「あららら。やだねえ、あの人。あんなささいなことで突然キレてるよ」。

ガマンしたって報われない

たぶんここ十年くらいの傾向だと思いますが、ちかごろすぐにキレる人が増えた、ガマンできない人が増えた、なんて論調の記事やコラムを、新聞・雑誌などでたびたび目にするようになりました。

ご年輩のかたは古い記憶を脳の隅っこから引っぱり出していただきたいのですが、むかしは道を歩いていて、肩が触れた、なんてだけのささいな理由から、殴り合いのケンカになることもけっこうあったんじゃないですか。

こどものとき道を歩いてたら、いきなり知らないオトナに、「じゃまだ」「なまいきだ」と理不尽な理由で殴られた、なんて話を、年輩のかたから何度も聞きました。むしろむかしのほうが、すぐにキレる危ないオトナはいまより多かったんじゃないの、という気がするのは、私だけでしょうか。

気にくわないことがあるとすぐにキレて暴力をふるうクズ人間も、もちろんいます。でも意外と、人はキレないものですよ。みんな想像以上にガマンしています。苦情をいったり訴訟を起こす人に対して、日本人は冷たい視線を送りますが、事情をよく聞くと、多くのケースで、ガマンにガマンを重ねた末に、ガマンしきれず苦情をいったり、訴えたりしてるんです。

いい人、やさしい人ほど、社会の不条理を敏感に感じ取って、不愉快な思いをします。そして、そういう人ほど、なるべく怒りをガマンしてるものです。それでも人間ですから限界があります。普段から人一倍ガマンしている人なのに、たまたま限度を超えてキレてしまい、その一発だけが原因で、周囲からの評価を大きく落としてしまったという非常に不幸な人は、けっこういるはずです。

キレたという事実は、だれの目にも明らかな行動ですが、日頃怒りをガマンしていることは、外見からはわかりません。怒りをガマンする努力は、だれからも評価してもらえないんです。何年もガマンしてきた努力はまったく評価されず、たった一度キレてしまったことのみで、キレる人のレッテルを貼られてしまうんです。ガマンとは、それほどまでに報われない行為なのです。

注意するなら初球から行け

だから、ささいなことにこそ怒ってしまいなさい、とおすすめしてるんです。

私はよそのこどもやオトナに注意する（怒る・叱る）際に、めったなことでは怒鳴りつけたり声を荒らげたりしません。こども相手なら「○○してくれないか」「○○はやめてくれないか」、オトナが相手なら「すいませんが、○○してくれませんか」「すいませんが、○○はやめてくれませんか」といった調子でまじめな顔で話しかけます。

そういう点も、注意でなく「交渉」なんですけど、そうやって冷静に交渉できるのは、問題がささいなうちに相手にいうからです。

問題がささいなうちなら、こっちの心もまだ怒りで煮えくりかえってません。せいぜい、不愉快、イラつく、といった段階です。冷静に交渉に臨みたいのなら、怒りに変わってしまう前の、この段階を逃してはいけません。冷静に注意できるタイミングは、この段階だけです。そのためには、ささいな問題に気づきしだい、できるだけすみやかに注意する。これがベストの対応です。

もうちょっとガマンして様子を見てみよう、相手が自発的に迷惑行為をやめてくれるかもしれないじゃないか——そう考えたとき、あなたはご自分ではまだ、ワンストライクのつもりでいませんか。あと二球くるうちのどちらかでバットを振って当てればいいさ、と。

残念、そうじゃないんですね。他人に注意するという真剣勝負の場では、一球見逃した時点でアウトだと思ってください。初球を打つのがもっとも効果的なんです。何球か見送ってからムリにバットを振ろうとすると、すでにそのときには怒りの感情が高まっていて、どうしても肩に力が入ってしまいます。

ささいな問題に気づいたらすぐ、まだあまり怒ってない状態で素直にバットを振れば、軽い力でも一塁打にできる確率が高いのです。

ところが何度か見送ってガマンしていると、知らず知らずのうちに怒りがたまってしまうから、ボールに当てるだけでおさまらず、無意識にピッチャー返しまで狙ってしまうんです。そうなっちゃったら、相手もあなたの意図的な攻撃を感じ取ります。お互いが怒りと怒りでぶつかりあい、ヘタしたら乱闘騒ぎになりかねません。

怒りをぶつけた苦い思い出

自分が怒りをガマンしさえすれば世の中丸く収まるはずだ、と考えがちですが、じつはガマンをすればするほど、迷惑をかけている側とかけられる側、双方の意識のズレがどんどん広がっていきます。そうなったらもう、言葉だけの交渉で歩み寄ることは不可能です。だからガマンはせず、できるだけすぐに注意すべきです。こじれてから怒って深い遺恨を残すより、ささいなうちに注意して、細かいことでうるさくいう人だなと浅く嫌われるほうが、長い目で見たらよほどまし。

四年くらい前でしたか、まだ私が積極的に他人に注意をし始めていたころの苦い失敗例をお話ししましょう。学校が夏休み中だった時期の早朝。どすっ、どすっ、という音で私は目を覚ましました。時計を見ると朝の五時半前です。どうやら近所の広場でサッカーボールを蹴ってコンクリートの壁に当て、朝練みたいなことをしてるヤツがいるようです。

うるせえなあ、なんだよこんな時間に、と腹を立てながらも、まだそのときは私も甘ちゃんでした。眠かったこともあり、その朝はガマンしてしまったのです。うちから広場まではちょっと距離があります。それでこれだけうるさいんだから、広場に面した（団地の）棟はさぞかしうるさいことだろう。きっとだれかが注意しに行くはずだ。

ところが翌朝、また同じ音で目が覚めました。またガマンしてしまいました。そしてついに三日目の朝。さすがにこれはやめさせないといけません。ピリピリした怒りを抱えつつ、広場まで注意しに行くと、小学校高学年くらいの男の子がひとりで練習してました。「なあ、まだみんな寝てる時間なんだから、うるさいよ。やめてくれ」というと、ちょっと不服そうな表情を浮かべたものの、とくに逆ギレなどもせず、ぼそりと「すいません」といって立ち去りました。

うまくいったな、とその日は思ったんです。ところが、二、三日後の早朝、またどすんどすん音がします。もう私が完全にキレてます。すぐさま広場に行くと、やはりあの子でした。「おい！　うるさいからやめろって、こないだもいっただろ！」そう怒鳴りつけると、相手はあからさまに不服そうな顔をしましたが、黙ってボールを拾い、広場を後にします。

一度注意してやめたのにまたやったことで怒り心頭、相手をまったく信用していなかった私は、立ち去るふりをして戻ってくる可能性を考え、本当に相手が立ち去るのを確認するまで、その場を動かないつもりでいました。仁王立ちして、その子の背中をにらみつけます。立ち去る彼がちらりとこちらを振り返ったとき、まだ怒りがおさまらない私は「人の迷惑ってものも考えろ！」とだめ押しの捨て台詞を投げつけたのです。

それ以降、彼が早朝の朝練をやることはなくなりました。その結果だけを見れば、叱ることに成功したといえなくもありません。なんだ、やっぱりキビしくどやしつけてビビらせたほうが効果があるんじゃないの？

しかし私にとってこのことは、成功した事例どころか、とても後味の悪い経験として記憶に残っています。

ガマンと権利意識に関する試論

だれかを怒鳴りつけてストレスが解消するなんてことは、絶対ないと断言できます。真性のサディストはべつとして。ていうか、そういうサディストの知り合いがいないんで、たしかめようもありませんけど。

怒るとさぞかし気分がすっきりするだろう、一度は自分も思いっきり怒ってみたい、なんてあこがれる、心やさしき小心者のみなさんには残念なお知らせですが、激怒すると、怒られたほうはもちろん、怒ったほうも気分悪いんです。激怒するとストレスがたまります（かといって、怒りをガマンしても確実にストレスはたまりますから、そこんところはお忘れなきよう）。

気分が悪くなる経験をしたら、忘れようとするのが、精神をおだやかに保つための一般的な方法でしょう。でも私はこのとき、あえてそうしませんでした。逆に、なんで怒ってこんな気分が悪くなるんだろう、と徹底的に考えることにしたんです。ストレスなく怒ることは不可能なのだろうか。

そこで、私が怒鳴ったあの子は、どういう気持ちで行動してたのか、自分が彼の立場になったつもりで考えました。怒鳴らずに行為をやめさせるチャンスはなかったのだろうかと。

そうして思い至ったのが、ガマンが互いのミゾを深めたのでは、という理論です。迷惑をかける側とかけられる側との意識には、最初からズレがあります。時間が経つほど、ガマンを続けるほどそのズレは大きくなり、冷静に歩み寄ることがむずかしくなるのではないかという仮説です。

夏休み中だった彼は、早朝のだれもいない広場でサッカーの練習をしようと思いつき、それを実行に移しました。小学校高学年くらいだから、そんな朝っぱらに音を立てれば近所迷惑になるかもしれない、と気配りができるほど精神的に成熟していなかったのでしょう。考えていたとしても、とりあえずやってみてだれかに注意されたらやめればいいや、くらいの軽い気持ちでいたのでしょう。

初日の朝。やってみたところ、だれからもなにもいわれなかった。いわれなかったことで、彼は自分の行為が近所の人から黙認された、理解を得たのだ、と勝手に考えてしまいます。朝練をするのは自分に許された権利なのだという意識が芽生えます。ところが実際にはそのとき、私（だけでなく、おそらくご近所の何人かの住民も）は、早朝に安眠する権利を侵害されたことに怒っていたのです。このときすでに、互いの意識にズレが生じています。

初日に楽しい思いをしてしまった彼は、翌日も自分が獲得した権利を行使するために、また朝練にきます。だれも注意する者はいません。彼の権利意識は確信へと変わります。

そして三日目。楽しく朝練をしていたら、いきなり近所の知らないおっさんがあらわれて、朝練をやめろと注意するではありませんか。

私は自分および住民たちの早朝の安眠という、当然の権利を守るために彼に注意しました。われわれの権利を侵害してまで彼が朝練をやる権利はありません。彼もあの歳ならば、理性的に考えれば私の主張が正しいとわかるはずです。

しかし彼の中では、昨日《きのう》、おととい の経験から、早朝の朝練は自分に許された権利だという意識がすでに大きく育ってしまってます。彼は、他人の安眠より自分の朝練の権利が優先すると考えてしまっていたのです。その時点で朝練をやめろといわれるのは、彼にとっては、一度与えられた（と勝手に思い込んでる）権利を奪われることになり、非常に不愉快な気分になります。

注意されたことで、その場ではとりあえず帰りましたが、そのあとできっと、なんで？という思いが強く湧いてきたのでしょう。一度手にした権利を、人間は手放したがらないものです。既得権がすべての改革の障害となっていることは、社会問題でも個人間の問題でも同じ仕組みです。

自分が朝練をやる権利もあるんじゃないかという考えを捨てきれなかったから、数日後、また性懲りもなく朝練をやりに来た。権利を行使しに来たわけです。そして、さらに強硬に権利を主張するおっさんと衝突することで、どちらもイヤな気分になってしまいました。

彼にインタビューはしてませんから、これはすべて私の想像にすぎません。しかし、法やルールや公衆道徳に反することであっても、一度やって黙認されると権利意識が芽生えてしまい、繰り返すことでさらに権利意識が強化され、ついには既得権となり、注意されてもなかなかやめようとしなくなる――というプロセスで、多くの迷惑行為を説明することができますから、的外れな説明とはいえないはずです。

このように考えるようになってから、自説を実証するためにも、私は身のまわりの不愉快なことに気づくと、なるべくすみやかに注意する（交渉する）ようにしています。

実際のところ、そうするようになってからのほうが、以前より相手が注意に応じてくれる確率が上がりましたし、冷静に注意できるので、激怒して自分が不愉快になることもほとんどなくなりました。

できるだけすみやかに注意する

迷惑を被ってる側の理屈。

「こっちはいままでさんざんガマンしてやってたんだから、そろそろおまえのほうが自分勝手な迷惑行為をやめる頃合いだぞ！」

迷惑をかけてる側の理屈。

「いままでずっと黙認してきたじゃないか。突然キレだして、いまさらやめろなんて勝手なことをいうな！」

怒りをガマンすることは、やはり無意味です。いくらあなたがガマンしたところで、その努力は相手にはまったく伝わらないからです。ガマンすればするほど、互いの意識のズレは大きくなるだけです。ガマンはみんなを不幸にします。

じゃあ、どうすべきなのか。もう答は明らかでしょう。ガマンしなければいいんです。ささいなことだと遠慮せず、ちょっとでも不愉快なことに気づいたらすぐに、直接相手に注意する。相手に権利意識が芽生える前、もしくは権利意識が強くなる前に注意してやめてもらう。これが両者ともに傷つかずに済む最良の手段です。

ちなみに、「すぐに」も大切ですが、「直接相手に」というのも同じくらい重要です(もちろん、話が通じそうな相手にかぎります。危険人物は避けるように)。ブログやコラムで怒りを爆発させても相手には伝わりません。陰口叩いたりネットで個人情報流して攻撃したりといった陰湿なやりかたも告発側の人間性が疑われるだけです。逆に相手に正当性を与えてしまいかねません。

早朝の朝練少年に対しても、私は初日に気づいたとき即、注意してやめさせるべきだったのです。ガマンするべきではなかったのです。

そうすれば、こちらもまだ怒りがたまっていないから冷静に注意できただろうし、むこうだって、はじめてまもない段階なら、まだ楽しい経験をしてないぶん、権利意識も薄いのです。やめろといわれても、なんだやっぱりダメなのか、くらいの受け取りかたで済みます。自分が獲得した権利を奪われる不快さを感じないぶん、あきらめやすかったのではないでしょうか。

個人の力では、ささいなことしか解決できない

そうはいっても、ささいなことで目くじら立てるなんて大人げないんじゃないか？　とまだ納得しかねているかたに、おたずねしたいことがあります。そうおっしゃるからには、問題がささいでなく重大になったら、あなたは本気でカラダを張って対処なさる覚悟がある、と解釈してよろしいのでしょうか。

ないですよね、そんな覚悟。いざとなったら本気で取り組むよ。口先だけならいくらでもいえます。でも現実には、ささいなことすら目をつぶってやり過ごそうとする臆病者が、重大な問題に立ち向かう勇気など持ってるはずがありません。

問題が深刻になればなるほど、解決するのも難しくなるんですよ。ささいなことなら口頭で注意するだけで、個人間の交渉で解決するのも可能です。しかし問題が大きくなってしまったら、大勢の人の団結、法の力や行政、国家の強制力をもってしないと解決できません。個人の手には負えないんです。個人でなんとかしようとすれば、命がけになるかもしれません。

ささいなことはガマンして、重要なことにだけ真剣に取り組めばいい？　あなたは超能力を持ったスーパーヒーローですか。思い上がりもはなはだしい。耳の穴かっぽじって私の忠告を聞いてください。個人の力で解決できるのは、ささいな問題だけなんです。

たとえば、ゴミ屋敷なんて問題が、全国各地で起きてます。住宅街のとある一戸建ての家の庭に、ゴミやガラクタが山積みされていて見た目が悪いだけでなく、悪臭を放ち害虫の発生源にもなってたりします。

夕方のニュースなどで、しばしば放送される定番ネタです。さいわいそんな家の近所には住んだことがありませんけど、あれテレビで見るかぎりでは、ご近所の人にとってはかなり重大な問題ですよ。

さあ、ささいなことには怒らないけど、重大なことには対処するとおっしゃるあなたなら、どうやって解決します？　あなた個人の力でどう解決するか、お手並み拝見といきましょうか。

え、なに？　自分ではムリ？　役所か警察に対処してもらう？　でしょうね。

近所の人にとっては不要なゴミの山ですが、屋敷の主にとっては大事なコレクション。意識のズレが大きすぎるから、近所の人が処分しろ、と注意したくらいでは従うはずがありません。どんなにあなたがケンカ腰でゴミ屋敷の主を恫喝したところで、相手は態度を硬化させるだけ。暴力をふるったりゴミを勝手に処分したり火をつけたりしたら、あなたが犯罪者です。そんなことにでもなったら、会社をクビになるでしょうね。人生を賭して重大な問題と戦いますか？

重大な問題の解決は、行政や法律の力を借りて強制執行するよりほかにないのです。多くのみなさんの常識は逆なんです。重大な問題は、個人が怒ったところでなにも解決しません。個人の怒りや交渉力は、ささいな問題にこそ向けるべきなんです。

ちょいウザのすすめ

怒りたくないのなら、すぐに怒れという私の主張は、最初は矛盾したヘリクツに聞こえたかもしれません。でもこれまでの説明で、少しは私の真意を汲んでいただけたのではないかな、と期待しています。

ささいなうちなら友好的に処理できたかもしれません。ささいなことを注意するだけなら、ちょっとウザい人だなあと煙たがられる程度で済んだのかもしれません。

なのに、問題がこじれるまでガマンにガマンを重ねるから、ついに怒りと恨みが爆発し、行政や警察の力を借りて相手を徹底的に叩きつぶさなくてはならないはめになるのです。そうなったら人間関係の修復はまず不可能でしょう。

迷惑行為の最初の一歩で機先を制して注意するのが、もっとも効果的です。とはいえ、その最初の一歩に気づくのがむずかしいのも事実なんですよね。こちらが迷惑行為に気づいたときには、相手はすでに何度かやってしまっている可能性が高い。悲観論者なら、「ほとんどのものごとは、気づいたときにはすでに手遅れなのだ」とあきらめの境地を格言にすることでしょう。それもひとつの真理ではあるんです。

だからといって、あきらめますか？　私はあきらめたくはありません。そのためにも日頃から自分の身のまわりの出来事になるべく関心を持つようにしています。日本の政治や国際情勢みたいな大きい問題は、ニュースを見れば教えてもらえます。でも自分の身のまわりで起きている小さな問題は、自分から積極的に関心を持たないかぎり、知ることはできません。

無関心は論外です。いまは他人事だと思ってても、長い目で見れば自分にも跳ね返ってくるんですから。かといって、周囲のささいなことすべてに首をつっこむのもよくないですね。あまりに神経質になりすぎると、ノイローゼみたいになっちゃう危険があります。

私がおすすめするのは「ちょいウザ」です。「自分って、ちょっとウザいかな」くらいになれれば、ちょうどいい。

積極的に他人に注意するよう心がけると、きっとあなたは不思議な体験をするはずです。電車でイヤホンの音漏れを一度注意すると、なぜか電車に乗るたびに、自分のとなりに音漏れするやつが座ってきます。靴履いたまま座席に上がるこどもを注意すると、次に電車に乗ったときにも、同じ例に遭遇するんです。

おお、神よ、私を試しているのですか！　そうじゃありません。積極的に注意しようという気持ちになると、周囲の物事や人の動きに以前より敏感になるんです。じつはそれまでも、あなたが電車に乗るたびに、周囲には音漏れや座席に上がるこどもは存在してたんですけど、あなたがそれに気づかなかっただけなんです。

だからといって、完璧主義に陥ってはいけませんよ。身のまわりのすべてのささいなことを解決しようなどと考えたら、ノイローゼ決定です。三割バッターどころか、最初の目標は打率一割でじゅうぶん。とにかくバットを振ってみるところから、すべてははじまるんです。危なくなったら振り逃げも可（野球の振り逃げとはちょっと意味がちがうけど）。

3　叱りかたの三原則③「具体的に」

具体的に

よその子やよそのオトナに注意するときのコツ三原則は、まじめな顔で・できるだけすぐに・具体的に、だと申し上げました。「まじめな顔で」と「できるだけすぐに」については、すでに解説しました。残りのひとつが「具体的に」です。

これはもう、コツだのなんだのといまさら解説する必要もないんじゃないかと思ったのですが、どうも日本人は、この基本をわかってないような気がしてきました。

「高校生は高校生らしくしろ！」

「日本人は品格を持て！」

こういう抽象的なスローガンがホントに好きですよね、日本のみなさんは。でも、それなんの効果もないでしょ。そんなあいまいなこといわれたって、具体的にどうしたらいいのか、さっぱりわからないんですから。らしく、ってどういうこと？　品格とかいわれても人によって解釈ちがってくるし。

「空気を読めよ！」

なおさら、わかりません。具体的にあなたはなにをしてほしいの？　と逆に質問しようものなら、空気を読めないやつってことにされちゃいます。なにそれ、テレパシー？

テレビアニメの『サザエさん』で波平が「バカモン！」と叱ることも、ほとんどのかたは、まったく不思議に感じてないんですよね。

あれはずいぶんヘタな叱りかたです。カツオの人間性や人権を否定しているとかいう小難しい理由からではありません。「バカモン」などというあいまいで抽象的な言葉では、カツオのどの行為に対して怒っているのか、具体的なことがなにも伝わらないからです。具体的でないと、叱られた側もどうしたらいいのか、自分の行動のどこをどう改善したらいいのかがわからず、とまどうだけ。

「コラ！」「オイ！」などと注意する人もたまに見かけます。これもまったく同じ。相手になにを伝えようとしているのか、さっぱりわかりません。

ある日の図書館で。近くの席のじいさんが、「オイ！」と何度も叱責していました。どうやら向かいの席でいねむりしてイビキをかいている男を叱っているようなんです。互いに面識のある間柄ではなさそうです。知り合いだったら揺り起こすでしょうから。

それにしても、寝てる人に「オイ！」といったところで、聞こえてないんだから意味がない。相手が目を覚ましたタイミングで「オイ！」と叱ったとしても、イビキというのは本人が自覚していないことも多いし、悪気《わるぎ》でやってるわけでもありません。だから起き抜けに「オイ！」と注意されたら、ん？　いねむりしたことを怒られてるのかな？　なんて誤解される可能性もかなり高いです。

こういう場合は、相手を起こして、イビキがうるさくて迷惑です、と具体的に教えるしかありません。ただし本人に自覚がない場合、イビキなんてかいてない、いや、かいてる、と水掛け論になったり、なんで気持ちよく寝てるところを起こすんだ、とふてくされて文句をいうかもしれません。できれば図書館員を呼んで起こしてもらうほうがいいのかもしれません。利用者が気持ちよく利用できるよう図書館内の環境改善に努力するのも図書館員の業務のうちですから。

ひとつ、私にアイデアがあります。いつか試してみようと思ってまだ実践する機会がないので、効果のほどはわからないと、先におことわりしておきます。イビキをかいて寝てる人の足元に、カドの丸まった消しゴムを置いてから、その人の肩でもゆさぶって起こします。で、「すいません、消しゴムが下に転がってしまったんで取らせてください」というんです。イビキがうるさいという理由で起こされたら反発するかもしれませんが、消しゴムを取るという理由があれば、怒って絡んでくる人は、おそらくいないのでは？　ただ、起こした後で二度寝されてしまうと、同じ手が使えないのが欠点です。

コラ、ではなんだかわからない

なんべんもクドいくらいにいいますけど、叱る・注意すると考えず、交渉というコミュニケーションを取るのだと、意識を変えてほしいんです。叱ろう、注意しようと考えるから、「コラ！」という、なんだか意味のわからない脅し文句を一方的に投げつけるだけに終わってしまうんです。

立ち入り禁止の芝生に入って遊んでいるこどもたちに、「コラ！」とだけ怒鳴っても、あまり効果は期待できません。注意するのであれば、「芝生に入るな」「芝生から出なさい」といわないと。これなら主張が具体的ですから、より伝わりやすい。ただ、もっと効果をあげる注意のしかたもあります。

そのこどもたちは、遊びたいという欲求があって、その欲求の実現のために芝生という場を選んだわけです。だから芝生から出ろという注意は、こどもたちにとっては、遊ぶな、といわれてるようなもの。そうなると、なんだよ遊びたいのに、と反発したり、とまどったりするかもしれません。

もちろん、注意するこちらの意図はそうじゃありません。こどもに遊びを禁じる人なんていないんです。遊ぶことを禁じてるのではなくて、芝生に入って遊ぶことがいけないと伝えたいだけ。それ以外の適当な場所でなら遊んでも全然かまわないわけです。

そこで私は実際、こう注意してみました。「芝生に入っちゃダメだ。むこうに公園があるから、そっちで遊びなさい」。してはいけないこと（芝生に入るな）を具体的に要求した上で、さらに代替案（公園で遊べ）も具体的に提案したのです。このときは、遊びたいという欲求をつぶすことなく禁止事項を伝えることに成功したようで、こどもたちはとくにとまどうこともなく芝生を出て公園に行って遊んでました。

すいませんけど、○○してくれませんか

具体的に注意することを心がけることは、注意する側にとっても有益です。自分がなにに対して不満を感じていて、相手になにを要求したいのか、本質となる問題点を明確に絞りこむことができるようになるからです。自分がなにに怒っているのか、その原因をつきとめて、どうしてほしいのかを明確にすることで、はじめて、怒りの解決策が見えてくるんです。ぼんやり怒ってるだけではらちが明きません。しかも経験上いえますが、具体的に要求を絞って注意したときのほうが、相手も応じてくれやすいんです。

電車の中でイヤホンの音漏れがうるさいときに、「うるさい！」と怒鳴るのは、抽象的でヘタくそな注意のしかた。さっき、芝生で遊ぶこどもたちを叱ったときの例を思い出してください。私はこどもたちが遊ぶことに怒ったのではなく、芝生に入ることに対して怒ったんです。

音漏れにむかつく人は多いけど、電車内で音楽を聴く行為そのものを全面的に禁じたいわけじゃありませんよね。自分が具体的になにを要求したいのか考えてみましょう。つまるところは、周囲に音が漏れない程度のボリュームで聴いてくれるなら、全然かまわないわけです。そうなってくれれば、音楽を聴いてる人も、聴きたくない周囲の人も、ともにハッピーになれます。

うるさい、と怒鳴るだけだと、相手は叱られたという軽い屈辱感のために身構えて反発したくなる気持ちが強まりますし、どう対処したらよいか選択肢が多すぎて、とっさの判断にとまどうのです。音楽再生そのものをストップすべきなのか、ボリュームを下げればいいのか、場所を移動すればいいのか。文句つけてきたヤツに反論かますか、ぶん殴るか……。とっさの判断に迷って、反応するタイミングを失うと、多くの人は「なにもしないこと」を選択しちゃうんです。

より具体的に要求を絞り、「すいませんけど、ボリュームを下げてくれませんか」と交渉したほうが、相手が従ってくれる確率は上がります。この言葉は相手を責めずに下手《したて》に出てお願いしているようでありながら、じつは、ボリューム下げるのか下げないのか、どちらかの行動を選べ、と二者択一を強要しているのです。

もちろんノーを選択して無視する者もいますよ。でも応じてくれる人も案外多いんです。

そういうわけで、私が他人に注意するときの言葉は基本的に、「すいませんけど、○○してくれませんか」という形式になるんです。言葉はかなりソフトだけど、要求は具体的。少なくとも私にとっては、このやりかたがもっとも性《しょう》にあっていて、なおかつ効果的だと思ってます。

他人に注意する目的は、相手を罵倒したり侮辱したり罰を与えたりするためではありません。こちらが望む状態にもっていくことがゴールであり、相手にこちらの要求を伝え、従ってもらうよう交渉するのだ、ということを、つねに念頭に置いてください。

4　怒りと向き合う

怒る波平、怒らぬ波平

ネットの情報は玉石混淆、検索結果が何百万件ヒットしても、役に立つ情報、あてにできる情報はそのうちのわずかしかありません。肥だめから砂金を探すようなものです。

それでもたまには砂金が落ちてるのが、肥だめとネットのちがいです。

私が知りたかったのは、アニメ『サザエさん』の波平が、どのくらいの頻度で「バカモン！」とカツオやサザエにカミナリを落としているのか、でした。

ネットを検索すると、毎週のように怒ってる、みたいなあいまいな意見はたくさんひっかかるのですが、そんな印象論では検証になりません。そんななか、一年間の

『サザエさん』放映分から波平のお怒りシーンの音声だけを抜き出し、まとめてアップしてるかたがいたんです（せっかくの有意義な実証データなのに、著作権がどうとかヤボな横やりで削除されてしまったら困るので、ネタ元の詳細は省かせてもらいます）。それを聞いて数えてみたら、二〇〇八年の一年間で、波平は「バカモノ」を合わせて三八回いってました。『サザエさん』は年に五〇回くらい放送されますから、年に一度『サザエさん』にチャンネルを合わせるだけでも、八割近い確率で、波平が「バカモン！（バカモノ！）」と咆哮するシーンを目撃できる計算です。いまや波平といえば「バカモン！」を連発するキレキャラのイメージが定着していますが、それが単なるちまたのイメージではなく、事実であることが裏づけられました。

ところが、聞き捨てならないウワサを小耳に挟みました。なんと一九七四年（昭和四九）まで新聞に連載されていた原作マンガの波平は、そんな無粋《ぶすい》なキレキャラではなく、めったに怒らない、気のいいオヤジさんだったというではありませんか。これは波平の名誉のためにも、検証せねばなりません。

原作マンガなら図書館にあるので、私でも検証可能です。というわけで、『サザエさん』の原作マンガを全巻読破しました。『長谷川町子全集』全三四巻のうち、二三冊が『サザエさん』です。代表作だけに、かなりの分量です。

目的が目的ですから、波平登場のエピソードだけ読んでいけばいいわけで、全巻読破とはいえ作業はラクなものになりそうだ——と、高をくくってたのですが、原作マンガの『サザエさん』は予想を裏切るおもしろさで、波平が出ない回もついつい読んで、時間がかかってしまいました。初期のものは絵も笑いも古臭くていただけませんが、昭和三〇年代後半からは、社会諷刺がほどよく効いた、新聞連載四コマの王道ともいえるオトナ向けの作風が楽しめます。

幼稚園の園児たちが、園長先生をわっしょいわっしょいとみんなで押して、おゆうぎ室に閉じ込める遊びをやってます。先生が血相変えて飛んできて、「そのおアソビはいけません‼」と叱るのを、通りすがりに目撃したサザエさんは、「学園ふんそうのおりからね」とつぶやくのでした。昭和四三年当時の世相を知る人ならば、サザエさんまでそんなネタをやってたのかと驚くでしょう。

お化け屋敷に入ったカツオとマスオが、首つり死体を見て、全然怖くないね、と笑っていたら、そこへ警察がやってきて、経営不振を苦に自殺したお化け屋敷の経営者のホンモノの死体だったことがわかり、二人は腰を抜かす……なんてかなりアブナいネタもあります。

サザエたちが使い古しの衣料を捨てずに箱に入れて保管してるのを知って、波平は感心します。が、箱をよく見ると「将来お父さんのオムツ用」と書いてあって波平ご立腹。現在では老人用も紙おむつが主流なので成立しないネタですが、昭和四〇年代当時としては、老人介護問題を先取りしたドライでスパイシーなギャグだったはずです。

社会諷刺や毒を一切排除して、春の七草がどうだとか風物詩みたいなネタばかりやるテレビアニメ版に癒されてるかたが原作マンガを読んだら、そのとんがった作風にショックを受けるかもしれません。逆にアニメ版のぬるさを小バカにしているかたは、原作を一読されることをおすすめします。

こんなとがった作風なら、波平も怒りまくっていそうです。なのに、アニメでは名物となっている「バカモン！」は、原作マンガでは、一度たりとも波平の口から発せられることはなかったのでした。

「バカもの」と怒ったことは、昭和三八年ごろにたった一度だけあります。カツオとワカメが虫眼鏡で、昼寝している波平のヒゲや鼻の穴を観察していたら、波平が起きて「バカもの」と叱るのです。

清水勲さんの『サザエさんの正体』によると、『サザエさん』には、新聞連載を単行本にする際に収録されなかった幻のネタが七〇〇本あまりあるそうです。私はそこまで確認していないので調査結果は完全とはいえませんが、少なくとも現在読める単行本では、全編中、波平の「バカモン」はゼロ、「バカもの」と怒ったのが一回きりなのです。

原作の波平も、怒ることは怒るんです。しかしテレビアニメに比べれば、はるかに怒る回数は少ないし、カツオにやりこめられても悔しがるのみで、怒らないことも珍しくありません。厳格なお父さんというイメージは、原作からは感じられません。

なによりのちがいは、原作では波平の怒りは、笑いのフリとして、作劇上、意味のある使われかたをしてる点でしょう。怒ったものの、最後のコマで、じつは波平のかんちがいだったことが判明したり、怒ったことを波平自身もやってしまったり、みたいなパターンで、オチの笑いに向けた前フリになっているのです。

例をあげると、勉強しないで一番になれないかなあ、とつぶやくカツオを「ラクしていいめにあおうなんてさもしいリョウケンだ」と叱ったくせに、自分は宝くじを買ってたりとか。

それに比べてアニメでは、カツオらのイタズラやズルを「バカモン！」と波平が叱ることで話が終わり、そして翌日……みたいに場面が切り替わってしまいます。これだと、悪いことをして怒られるだけだから、道徳訓話です。なんもオチてません。波平の厳格で倫理観あふれる父親ぶりが際立つだけで、ひねりも意外性もないから、まったく笑いにはつながりません。

アニメの『サザエさん』は、コメディやコントの技法からすると、非常に低レベルな作品といわざるをえません。生涯、胃痛・胃病と戦い、身を削りながらギャグをひねり出していた長谷川町子のマンガ家魂は、そこには見る影もありません。

原作マンガの波平はときどき怒るものの、ちっともエラそうにはしてません。それどころか家族からイジられることもしばしばです。でも嫌われてるわけじゃない。どこか憎めない凡人お父さんといった風情ですが、現実世界の父親も、そんなもんじゃないですか。

それに対し、アニメの波平は、昭和の父親は立派で怖かったという虚像を演じさせられてます。立派な父親イメージを強調するあまり、「左様《さよう》」なんてしゃべったりするんですよ。そんな時代劇のサムライみたいな父親は、昭和にもいなかったんだから、もはや昭和庶民史の捏造《ねつぞう》です。

さぞかし、お台場のフジテレビの前では、「捏造された昭和史をゴリ押しするサザエさんは放送するな！」なんて反対デモをする人が数千人規模で集まって大変な騒ぎになって……いませんね。アニメの『サザエさん』は毎週二〇パーセントに迫る高視聴率を叩き出しているのですから、波平の「バカモン！」も根強い支持を得ているようです。

「バカモン！」と怒鳴ってみたい。そんな潜在的な願望をみなさんお持ちなのでしょう。いつの日か、しつけの悪い近所のガキどもを、「バカモン！」と叱りとばしたい。強い親に、強いオトナに、波平のような父になりたいと、あこがれているのでしょうか。

怒りたいのに怒れない日本人

アニメの厳格な波平が根強い支持で高視聴率をマークしている一方で、近年の日本では、矛盾ともいえる奇っ怪な現象が起きてます。書店の店頭や新聞の書籍広告で、たびたびこんなタイトルの本を目にしませんか。「怒りを消す方法」「イライラしない方法」「怒らない技術」などなど。そんな〝怒らないための本〟みたいのが、ざっと調べただけでも、数十冊は出てるんです。著者は心理学者やお坊さんやビジネスコンサルタントなど。類似本がたくさんあって、版を重ねているということは、それなりに需要があるのでしょう。

思いっきり矛盾してますよねえ。てっきり、日本のみなさんは「バカモン！」と叱れる強い人間に、強い父に、強いオトナになりたいものだとばかり思ってたのに。

普通、人は理由もなしに怒りません。怒るからには原因があります。よく、ちかごろは突然キレる人が増えたなどといいますが、それ本当に〝突然〟だったのでしょうか。

何度も何度も同じ被害を受けて腹に怒りを溜め込んできた人が、ガマンにガマンを重ねたあげくに、ついに限界を超えてキレた。そんな例のほうが絶対多いはずです。突然キレる人など、ほとんどいないんです。それまでの背景を無視して、怒りが暴発した瞬間だけを取りあげて、キレた人を性格異常者扱いするのはかわいそうです。誤解や被害妄想から怒ってる例もあるでしょうけど、怒ってる人のほうが、じつは被害者である可能性はかなり高いのです。それなのになぜ被害者側が努力して怒りを抑え続けねばならないのですか。不条理です。

怒る・叱るもコミュニケーション

本来なら、きちんと怒れる、叱れる人間になれるよう、努力するのがスジでしょう。

こどもが逆上《さかあ》がりができずに悩んでいたら、逆上がりの練習のコツが書いてある本を読ませて（あるいは親が読んで教え）、こどもに練習させる。これがまっとうな教育です。そこまでやったなら、たとえ逆上がりができるようにならなかったとしても、だれにも後ろ指を指されることはありません。

もしも親がこどもに、「逆上がりができないことを気にしない方法」なんて本を手渡して（そんな本は実際にはないですよ）、逆上がりなんかできるようにならなくてもいい、と教えたとしたらどうですか。それはそれでひとつの生きかたでしょうけど、将来こどもが哀しい負け犬になるのは決定です。

私には、書店に積まれてる〝怒らないための本〟は、まさにそういう負け犬養成ギブスにしか見えないのです。

じゃあ、「正しい怒りかた」「効果的な叱りかた」といった解説書はあるのか？　ありますとも、もちろんそういう本も。たとえば、中島義道さんの『怒る技術』、中島さんと加賀野井秀一さんの共著『「音漬け社会」と日本文化』、辛淑玉さんの『怒りの方法』なんてのは、どれも著者のかたがたが実践で会得したことをもとに書いているので、かなり参考になる部分も多いです。口では立派な理屈をこねるけど実践を伴わないヘタレ思想家や哲学者が多い中、このお三人はカラダを張って行動してます。けど、どの本もそんなには売れてないし、話題にものぼらなかったようです。

実際に他人に注意している私が読むと、これらの本には非常に示唆に富んだ記述があることがわかるのですが、他人に注意したり怒ったりしたことのない人は、その価値に気づかないんでしょうねえ。

『怒りの方法』にはこんな一節があります。「「怒る」は、人間関係を築き、つなぐためにするもの」。ああ、目に浮かびますねえ、いま、この一文を読んだみなさんの多くが、そんなわけないだろ！　と頭ごなしに否定している姿が。

ほとんどのみなさんは、他人に怒ると人間関係が壊れると、頭から決めてかかってる。怒らないのが世のため人のため自分のためだと思いこんでます。〝怒らないための本〟の著者たちも同じ誤解をしています。だからその常識と一八〇度異なる、〝怒りは人をつなぐ〟という主張に共感できないのですが、怒るのを実践している私は、辛さんの主張こそが真実に近いと断言できます。

人間関係が壊れるのは、怒るからではなく、怒りかたがヘタだからです。バカモン、バカヤロウと余計な罵倒をするからです。では逆に、怒らない人、怒れない人にお聞きします。怒らなければ人間関係は良好になり、すべての問題が解決し、みんな仲良く平和に暮らせるのですか。

そんな世の中、未来永劫《えいごう》に来るわけない。怒らない（怒れない）人には、もともと他人とのコミュニケーションが苦手な人が多いんです。だから、怒らないことで、ますます他人と関わらなくなります。怒らない場合、人間関係は壊れないけど薄れます。怒らないことで人間関係が好転することは、ありえません。

正しく怒ることこそが、社会と人間関係をよりよい方向へ導く最良の手段なのに、みなさん先入観にとらわれていて、そこんところを、なかなかわかっていただけない。

私の場合、積極的に他人に注意するようになってから、知らない人に話しかけられる機会が増えました。これはさすがに自分でも意外でしたね。しょっちゅう他人に怒ったり注意したりすると、負の怒りオーラみたいのが出て、他人を遠ざけることになるんじゃないか、って思いますよね？　私もそう思って覚悟してました。

ところが現実にはそうでもないみたいです。もちろん、注意されたことで私を嫌ってる人もいるでしょう。けど、全体としては、とくに人間関係が壊れて日々暮らしにくくなったという実感はありません。近所のこどもにも普通にあいさつされますし。

インチキ心理学者みたいに根拠もなく理屈をこじつけたくないので、ひとつの仮説だとことわった上で、私の見立てをお話ししましょう。

他人に注意するには、自分と他人とのあいだの心理的垣根を取り払い、相手の領域にずかずかと足を踏み入れねばなりません。他人と関わる積極性とコミュニケーション能力を求められるのです。そのためには、自分の周りの心理的垣根もつねに低くしておき、いつでも跳び越えて外に出られるように準備しておく必要があります。他人に注意するようになると、自然と自分も心を開かざるをえないから、他人からも声をかけられやすくなる……のかもよ。あくまで仮説ですけどね。

そういうわけで副作用（？）として、知らない人に道をたずねられることもなぜか多くなったのですが、それがちょっと心苦しいんです。かなりの方向オンチである私は、道の説明ができないんです。これは方向オンチの人にもれなく共通する弱点。○○町はどっちですか、国道何号線にはどうやったら行けますか、などと聞かれても、あっちのほうですね、みたいな漠然とした説明しかできません。何番目の信号を右に曲がって、みたいな説明をできる人には、いつも感心してしまいます。

〝怒らないための本〟はいつも貸出予約待ち

〝怒らないための本〟の新聞広告には「この本を読んで気が楽になりました」みたいな読者の声が載ってます。私にはとうてい信じられません。その読者が（出版社のサクラでなければ）ラクになったのは、本を読んだ直後だけでしょう。

そもそも、心にくすぶるしつこい怒りの炎をなかなか消せずに、長年、苦しんでるんですよね？　だから救いを求めて〝怒らないための本〟を読んだんでしょ？　何十年も前の怒りをなにかの拍子に思い出し、すごく心が暗くなる経験は私にもあります。べつにいまさらどうこうしようとは思わない。理性では解決済みのことなのに、心にはずっと影を落としてます。怒りのしつこさをなめてはいけません。

そんなしつこい悩みが、本を一冊ちょろっと読んだだけで解消したというのは絶対ゴマカシですよ。虫さされにムヒやキンカン塗るのとちがいます。そんなささいな怒りなら、最初から苦しむはずがない。

というわけで、その手の〝怒らないための本〟を何冊か読んでみました。いやはや、読むのも大変でした。近所の図書館で探したら、どの本もすべて貸出中。しかもそれぞれ貸出予約待ちが何十人もいる人気ぶり。最高で予約待ち一五〇人てのもありました。順番が回ってくるのは何年後ですか。

そんな悠長に順番を待てるほど気の長い人たちが、いったい何に怒ってるんでしょうかね。本を読まなくても、すでにじゅうぶん、怒りを抑えられてるじゃないですかねえ。

私は気が短くて待てないので、なんとか入手して読みました。……うーん。やっぱりヘンですよ、これ。〝怒らないための本〟に書かれてるアドバイスは、どれも実践不可能な理想論、机上の空論、精神論ばかりで、とうてい現実の人生の役に立つとは思えません。

怒ると血圧や心臓に負担がかかり健康に悪いからやめよう。怒るのは損。腹が立つ相手は無視しよう。他のことに気持ちを向けて前向きに生きましょう――などなど。言葉巧みに読者を説得しようとしてるけど、その実態は、ガマンと無関心のすすめでしかありません。

仏教では怒りはいけないこととされますが

お坊さんが書いてるものもけっこうあるんです。仏教では怒りはいけないこととされてるから、怒らないようにしなさい、とお坊さんは勧めます。

私は長年、文献調査の修行をしてきましたもので、たとえお坊さんのいうことであっても、それが正しいのかどうか、過去の新聞雑誌を調べて、きちんと事実確認をした上で、ウソを成仏させないと気が済みません。

お坊さんがカッとなって女房を包丁で刺した。お坊さんがスナックで居合わせた客と口論になり殴った。お坊さんがコンビニでケンカ。昼間から酒に酔っていたじつの父親に腹を立てたお坊さんが、父親をボコボコにして意識不明の重体に。「いうことを聞かないから」と一〇歳の息子をバットで殴り、四週間のケガを負わせたお坊さん。

これすべて、実際に新聞記事になった事件です。

なかでも一番ヒドかったのがこの事件。ホームレスがお寺の賽銭箱から一三〇円盗んだところを寺の者にみつかり、つかまりました。ホームレスが逃げようとすると、お坊さんは執拗に追いかけ、暴行を加え、ついには殺してしまったのです。

これらはすべて過去の事件ですし、加害者も刑に服したでしょうから、あえて詳細を明らかにすることは避けます。それを蒸し返して彼らを責めるつもりはありません。お坊さんですら、怒りのあまり傷害事件を起こしてしまった例は、過去にたくさんあったという事実をお伝えしたいのです。

修行を重ねたお坊さんだって怒りを抑えることができないのに、煩悩まみれの一般人が怒りをなくすことなんて、どだい、無理な話じゃないですか。それでもなお、怒りをなくせとおっしゃるのですか。

仏教で怒りはいけないこととされている、という話についても、念のため裏を取ってみました。『岩波仏教辞典』によりますと、仏教では貪欲《とんよく》、瞋恚《しんい》、愚痴（愚かさや無知のこと）を三毒といいまして、衆生の善心を害する三つの煩悩と定義しています。

このうちの瞋恚が怒りのことなので、これを指して、怒っちゃいけないといってるのでしょう。

でも瞋恚とは、怒り憎むこと、憤怒のことなんです。つまり、仏教で戒められてるのは、相手を叩きつぶしたくなるほどの激しい怒りであって、日常的なイライラや、正当な怒りの表明まで禁じてるわけではないのです。

仏教では自己に執着することもいけないとされます。「我慢」という言葉ももともとは仏教用語で、自己にとらわれることだから、我慢してはいけないのです。

もちろんこれは現代日本語の「我慢」とはちょっと意味が異なります。しかし考えてみれば、現代語でいう我慢とは、問題を自分の中だけで処理することです。

怒りというものは基本的に、他者との関係の中で生まれます。怒りは他人によってもたらされ、怒りの矛先はつねに他人に向くものです。

怒りを自分の中に閉じ込めガマンしてる人は、他人とのかかわりを避け、他者の存在を否定し、自分だけの世界で問題を処理しようと執着してるのですから、広い意味では、やはり現代日本語の「我慢」も自分への執着であるといってもまちがいではありません。

他者とのコミュニケーションを忌避して自分のなかに怒りを抑えこむ「ガマン」よ

りも、自分が怒っていることを素直に認め、怒りを相手に伝えて平和的に歩み寄る方法を模索するほうが、仏の道にかなったやりかたなんじゃないのかな、と現世で生きる凡夫の私は考えるのですが、お坊さんたちのお考えはいかがでしょう。

怒りは決して消せない

根本的な疑問がひとつ。怒りの感情は、そんなに都合よく消したり静めたりできるものなんでしょうか？

絶望的に聞こえるかもしれませんけど、私は怒りは決して消せないものだと考えてます。自分の経験や他人を観察した結果からは、そう結論せざるをえないのです。総じていえますが、〝怒らないための本〟の著者たちは、心理学者も含め、人間の怒りを単純化しすぎてます。怒りを忘れろ？　怒るのをやめて笑いましょう？　ずいぶん簡単にいってくれますね。怒りを忘れられないから、笑えないから、みんな悩んでるのに。

人間の感情って、スイッチみたいなものがあって、カチカチ切り替えできるものですかね。喜怒哀楽と日本語ではいいますが、実際の感情は明確に四つに分類できるものではありません。人の感情は、複雑であいまいで微妙に絡み合い重なり合ってるものです。感情がそんな単純に割り切れるものなら、とっくのむかしに感情を持つロボットや機械が完成しているはずです。

怒りも悲しみも感じず、いつも笑ってるだけの人なんてのがいたら、逆に不気味です。理不尽なことに怒ったり、つらいことで泣いたりするからこそ、楽しいことや笑えることが素晴らしく思えるのです。人間の怒りや悲しみをわからない人は、コメディアンにもなれません。むしろ、こどものころから貧乏で想像を絶する苦労をしてた人が、味のあるお笑い芸人になってたりします。

さも、怒りの感情だけをなくせば心おだやかに生きられるようなことを主張する著者たちを、私はまったく信じることができません。人間の感情から怒りの成分だけがきれいになくなるのは、ケガや病気で脳を損傷した場合にかぎられると思います。

怒りは他人への共感でもある

それに、怒りをなくすのは危険ですらあります。怒りは痛みと似ています。痛いことは苦痛ですが、それが身体の異状を知らせるサインの役目も果たしてます。もし痛みをまったく感じないようにできたなら、一生痛みに苦しむことはないけれど、大ケガをしても気づかずに、出血多量で死んでしまいかねません。

人が怒りをおぼえるとき、その人はなんらかの不条理な状況に直面しているのです。怒りはそのサインです。その人が当然持っているはずと考えていた権利が踏みにじられているのです。「今日の飲み代はおまえのおごりだっていうから安心して飲んでたのに、なんでいまになって割り勘にしようとかいうんだよ！」人はそんなとき怒ります。ちょっとたとえがセコくなりましたけど、単純化すると、そんな感じ。ですから、怒っていいんです。怒らないと相手の勝手な権利だけが行使されることになるのだから、権利の平等が損なわれてしまいます。

それに、怒りは他人への共感でもあります。他人が不条理な目に遭っているのを知ると、たとえそれが一生会うことのない遠い異国の人であっても、怒りが湧いてきます。これは人間だけが持つ共感能力です（一部のサルにもあるという説を耳にしたことはあります）。

〝怒らないための本〟を読んで怒りを抑えられるようになったとおっしゃるみなさんは、他人の怒りにはどう反応するのか、とても興味があります。自分はどんなヒドい目に遭ってもガマンするけど、他人の怒りには共感して怒るのか。はたまた、ヒドい目に遭って激怒している他人にも、「怒ると損ですから怒らないで」なんて笑顔で話しかけるのでしょうか。

怒らないようにする、怒らずに生きるというのは、一見、とてもおだやかな人間になることのように思えます。でもそれを極めたところでたどりつくのは、おだやかさでもあたたかさでもなく、無関心です。

自分のためにも怒らない。他人のためにも怒れない。なにが起きても、これは運が悪いんだ。あの人も運が悪いんだ、とニコニコ達観できるようになれれば、しあわせなんですか？

怒りのリスクとデメリット

怒りたいのに怒れないみなさんが、おそらくもっとも関心を持っていること。それは、「怒りをガマンしたほうが苦痛が少ないのか、あるいは怒ったほうが苦痛が少なくなるのか」ではありませんか。

これ、非常にむずかしい問題です。同じ条件で怒った場合と怒らなかった場合でどうなるかなんて比較実験はできませんから。

ガマンするほうを選ぶ人が多いのは、怒ったことで引き起こされるリスクやデメリットにばかり目が向いてしまうからでしょう。

もし電車の中だとか、公衆の面前で怒ったのに無視されたら、相手の行為への怒りに加え、拒否された屈辱感、公衆の面前で自分が闘いに敗北したかのような辱めを受けてしまう。とくに相手がこどもや自分よりずっと年下の若者だった場合、なめられたという屈辱感で自尊心まで傷つきかねない。いずれにせよ、失敗すると怒りがさらに増すだけではないか、自分がみじめになるだけじゃないか――そんなふうにみなさんお考えなのでは？　図星でしょ。

無視や反発くらいならまだしも、暴力をふるわれたらどうするのだ。それこそ怒ることがまったく割にあわない結果になってしまう――そうですね。それを心配する気持ちもわかります。

自分がささいなことで怒っているのではないかという不安。もし、他の人たちは気にしてないのに、自分だけがささいなことで怒ってたら、みんなからクレーマーやモンスターだと軽蔑されるんじゃないか――なるほど、なるほど。

自分だって他人に迷惑をかけることはある。完璧な善人とはほど遠いわたしに、他人を注意する資格などあるのか――ほう、ずいぶんと哲学的な考えかたをなさるんですね。

以前に一度勇気を出して怒ってみたけどうまくいかなかったから、二度とやりたくない――そういうことって、ありますよねぇ。

こんなところでしょうかね。って、なに、他人事《ひとごと》みたいに感心してんだ？　いいえ、他人事だなんてとんでもない。私は自分でもこういうことをさんざん考えてきたから、みなさんの心配も手に取るようにわかるのです。

こんなにたくさんのリスクとデメリットがあることがわかった以上、もう結論はガマンしかありえないじゃないか？

私は現実を無視した理想論を語る気はありません。現実から目をそらさずにきちんと考えてほしいし、自分も考えたから、正直にデメリットを並べてみただけです。

甘えた大人への復讐

完璧ないいひとではない自分には、他人を注意する資格などないのでは、と遠慮するかたが日本人にはけっこう多いようなので、これについてお話ししましょう。

一九七九年二月二三日の『朝日ジャーナル』に載った一八歳の高校生の投書が、当時話題になりました。

〝甘えた大人への復讐〟というタイトルは、おそらく本人でなく編集部でつけたものでしょう。けっこう長文なので引用はせず要約します。

駅のホームや道路にタバコを投げ捨てるのに、あなたたち大人は高校生がタバコを吸うのを注意できるのか。酒場で人の迷惑顧みず騒いでいるのに、大きな音でレコードをかける高校生を注意できるのか。自分だって三流校しか出てないのに、受験勉強をしない高校生を注意できるのか。カネのためなら人を蹴落としてまで出世しようとしてるのに、暴力をふるう高校生を注意できるのか。あなたは親として、大人として、自分のこどもを本当に叱ることができるのか……。

といった調子でオトナの矛盾をあげつらい、最後には、私たち高校生がこんなになったのは、オトナが教えるべきことを怠ったからだ、と責めるのです。

私だったら、こうした主張をする学生に即答できます。「はい、叱れますよ」

けど、完璧でない自分には他人を注意する資格などないのではと悩むかたは、きっとこの投書に賛同してしまうのかもね。

なんでこんな矛盾だらけで論理の破綻した意見に、当時のオトナたちが狼狽したのか不思議です。この数週間後、三月一六日号の投書欄には、反響の投書が何通か掲載されてます。その中で二〇歳の学生が、あれは問題のすり替えにすぎないと冷静に指摘しています。うん、それ正解。

〝甘えた大人への復讐〟を書いた高校生は、オトナたちに若者を叱る資格があるかどうかを論点にしてますが、そもそもだれかを叱るのに資格など不要です。罪人《つみびと》注意士一級とか、迷惑行為取扱主任二級などの国家資格は、日本には（きっと世界のどこにも）存在しないはずです。

仮に、禁煙の電車内で私がいままさにタバコを吸ってるとしましょう。そしたらとなりの人もタバコを取りだして吸おうとした。そこで私がすかさず、おいおまえタバコ吸うな、禁煙だぞ！　と叱ったら、そりゃだれが見たっておかしいですよ。でも道にタバコを投げ捨てるオトナの罪と、タバコを吸う高校生の罪は、罪の種類が別物ですから、それを一緒くたに扱うことはできません。どちらの罪が重いかという問題と、注意する資格があるかないかという問題は、完全に独立した命題です。そういったことをひとつの問題であるかのように論じてしまうのは、あからさまな問題のすり替えです。二〇歳の学生さんでさえ見抜いた詭弁に、大のオトナが振り回されるとは情けない。七〇年代末のオトナたちは、すでに学力低下していたんですね。

これは古代から存在する典型的な詭弁なんです。他人に悪事を追及されたものが、「おまえはなんにも悪いことしてねえのかよ、おまえだって悪いことやってるのに、オレを批判する資格があんのかよ」と逆《さか》ねじくらわして、おのれの罪から逃れようとする。これを世間一般では、悪あがきと申します。まあイエス・キリストでさえ、この詭弁を使ってるくらいですからね。あなたがたの中で罪を犯したことのない者は、この女に石を投げなさーい、みたいな。

他人に注意したり叱ったりするのは、資格の問題でなく、権利の問題なんです。いま、私があなたの行為に迷惑している、不快な思いをさせられているとしたら、私が何者であるかにかかわらず、あなたがその行為をやめるよう注意する権利があるのです。

もし私の行為にも注意されるべき不快な点があるというなら、それはべつに話し合えばいいことです。

自分は他人に注意する資格などないのでは、なんて悩むのは無意味です。迷惑だと思った時点で、不愉快だと感じた時点で、すでにあなたには相手を注意する権利が生じています。あとはその権利を行使するか否かだけ。

注意して聞いてもらえる確率は

怒りを相手にきちんと伝えれば、相手は行動を改めてくれることもあります。記録をつけてるわけでもないし、迷惑行為の種類によって成功率はまったく異なりますが、全体で平均すれば、私の場合、勝率は三割から五割……くらいかな。

まあ低く見積もって三割の成功率としても、三回注意すれば一回はこちらの要望を受け入れてもらえるんです。それで大成功、くらいの気持ちでいないと、他人に注意することなんてバカらしくてやってられません。でもプロ野球だって三割打者ってすごいんですよ。逆にいうと、トップクラスの実力者でも一〇打席中七回は失敗してるんです。

高校野球なんてもっと残酷です。甲子園で優勝できるのはたったの一校なんですよ。それ以外、全国四千数百校の野球部は全員敗者になる運命だと承知していながら、優勝目指して全力を尽くしてるじゃないですか。

野球ばかりでなく、どんな仕事でも一緒です。大手食品メーカーともなりますと、毎年ものすごい数の新商品を売り出しますが、ヒットするのはごく一部。ほとんどは売れなくて消えていく運命にあります。

世の中、成功するより失敗する確率のほうがはるかに高いのは明らかです。失敗のほうが多いからやらない、というそいわけは、社会では通用しません。

一度注意してみたがうまくいかずに恥をかいたから、もう二度とやる気がしないというのも、まあ気持ちはわからんでもないけど、残念な態度であることは否めません。だってもし、あなたのお子さんや部下がそういう泣きごとを口にしたら、親として、上司としてあなたはきっと「一度や二度の失敗であきらめるな！」って叱咤激励するのでは？　でしたらその言葉、ぜひともご自分にも向けてください。

ただし念のため申し上げておきます。仕事でうまくいったらうれしいでしょうけど、私の経験では、不愉快な行為を注意して相手がやめてくれたとしても、べつにうれしくはなりません。勝ったぜ、って気持ちにもならないし、ストレス解消にもなりません。

だれかの迷惑行為で不愉快になること自体、マイナスの状態なんです。不愉快が解消されることは、マイナスがゼロに戻るだけですから。プラスにはなりません――あれ、おかしいぞ。なんかまた否定的なことといってるな。

怒りをガマンすることのデメリット

さて、怒ることのデメリットの検証はこれくらいにして、今度は、ガマンしたらどんなデメリットがあるのかを考えてみましょう。それはなんといっても、あなたが相手の不愉快な行為をガマンしたからといって、問題はなにも解決しない、状況は一向に変わらないということ。これに尽きます。

それどころか、あなたがガマンすればするほど、相手は「理解を得ている」「許されている」とカンちがいして、逆に行為をエスカレートさせる可能性すらあります。

世の中がどんどん悪くなっている、とよくいわれます。ホントに悪くなったかは検証が必要ですが、仮に悪くなっているのが事実だとすれば、その原因はもう明らかです。みなさんや、みなさんの親、祖父母が怒らなかったからです。怒りをガマンしてしまったからです。これについては「はじめに」の項でも簡単に検証しましたよね。日本人は公共の場でのマナー違反や不道徳行為に対し、残念なことに、明治・大正時代からずっと見て見ぬふりをし続けています。

怒りを相手に伝えなければ、相手は決して迷惑行為をやめようとしないでしょう。あなたはなにもいわずにガマンする。相手はなにもガマンせずやり続ける。こんな一方的な理不尽がまかり通って平気なのですか。あなたが怒りを表明すれば、怒りを相手に伝えれば、やめてもらえる可能性は何割かはあるんですよ。でもガマンしたらゼロです。なぜ、少しでも可能性のあるほうに賭けないのですか。

ガマンしたからといって、なにかが解決したためしがありません。あなたがガマンしてるうちに自然と迷惑行為が止まった、と思っても、じつはだれかが注意してやめさせてくれたのかもしれません。

迷惑行為をしてる人がどこかへ引っ越したとか、死んだとすれば解決するでしょうけど、それは何年、場合によっては何十年もかかります。その間あなたはずっと腹を立て続けることになります。つねにストレスを受け続けるんです。

自分の感情を制御できるのはごく一部の超人だけ。ほとんどの凡人は怒りを抑えられません。怒りをガマンしたつもりになってても、知らず知らずに自分の家族や部下や恋人に八つ当たりしてるかもしれません。他人ともめたり嫌われたりするのをおそれてなにも注意せず、家族や同僚に八つ当たりして嫌われたら、元も子もないじゃないですか。

日常の怒りを溜め込んでいるのに、なにもいえない内気な人が、いつしかその怒りを、世の中が悪いせいだ、と社会システムに転嫁して、過激で暴力的な政治思想活動に走ったり、無関係な弱い立場の人たちを差別するなんてこともあるんです。

私はやっぱりガマンしない

ガマンしたときの怒りと、注意して失敗したときの怒りはどちらが大きいか。さんざん私も考えました。両方とも実践してみました。その末に出した結論。

私はガマンしたほうが余計に腹が立ちます。怒りを感じたのにガマンしてしまうと、ガマンしてしまった、あのとき注意しておくべきだった、という後悔と怒りが、ずっとあとまで尾を引き、くすぶり続けます。

怒りを感じたときに条件反射的にサクッと注意してしまったときはどうか。注意したのにシカトされたりすれば、そのときはさすがに一瞬カチンときます。しかしそのあと、でもまあ、自分はいうだけいったんだ、不愉快なことを解決しようと試みたんだ、みたいなあきらめの気持ちが湧いてきて、怒りはそれ以上燃え上がることなく鎮火します。

だからやっぱり自分に余力がある限り、ムリをしない範囲で怒ろう、と。

怒りを消しても、ガマンしても、なにひとつ変わりません。かえってあなたの心を深い怒りで充たしてかき乱すし、世の中を一ミリも動かすことはありません。

怒りはその原因となっている相手に正しく向けなければ意味がないんです。それが世の中をよくして、ひいては自分も心おだやかになれる唯一の方法です。

もうひとつデメリットをいわせてもらうと、他人に怒らない人は、他人に親切にもしないのです。何度もいいますが、他人に怒る・叱る・注意するのには、コミュニケーション能力が不可欠です。

気後れして他人に注意できない、怒れない人は、逆にだれかが困っていても、声をかけたり手をさしのべたりもできません。怒りと親切は相反するものでなく、コミュニケーションという点では似ている行為だから。他人に注意できるようになると、困っていそうな人にも、どうしました？　と気安く声をかけられるようになるんです。ホントですよ。ウソだと思ったらやってみてください。

怒る・叱るではなく、交渉と考える

ここまでさんざん怒る話をしてきましたけど、じつは私は自分では、相手を怒ってるつもりはないのです。

なにをわけわからんことをいっとるのだおまえは！　と今度はこっちが怒られそうですが、事実なんでしかたがありません。

ここまで私は、怒る・叱る・注意するという言葉を厳密に区別することなく使ってきました。学術論文などを書き慣れていて、用語の使いかたに敏感なかたですと、そのブレが気になっていたかもしれません。なぜ言葉がぶれるかというと、どれも私の行為を正確に表現していないからです。

不愉快な行為に遭遇したとき、たしかに怒ってはいますよ。怒りの感情そのものは、私の中に確実に存在します。けど、私は相手にその不快な行為をやめてもらえれば、それで満足です。なぜそんなことをするんだ！　と理由を問いただして謝らせようとは思いません。いい歳こいてそんなこともわからないのか！　なんて罵倒して、相手がこれまで歩んできた全人生を否定するつもりもありません。

妙に聞こえるでしょうけど、私は怒ってるけど怒ってないし、叱ってるようで叱ってない。注意してるけど注意じゃない。自分がやってることに一番しっくりくる日本語は〝交渉〟なんです。もうちょっと詳しくいうと、自分の権利を守るための交渉。

私は電車内で音楽を聴くな、ゲームをやるなとはいいません。それをやるのは自由です。ただ、周囲に聞こえるような騒音・雑音を出してる場合は、自由ではありません。こちらには、聞きたくない余計な音を聞かない権利もあるのに、その権利が侵害されているのですから。そっちが音楽を聴く権利は尊重するから、こっちが聞きたくもない音を聞かずに済む権利も尊重してもらいたい。それを交渉する行為が世間の人の目に映ると、注意する、叱る、という行動に思われるんです。

交渉だと思ってやってるから、私は「すいませんが、○○をしてくれませんか」といったソフトな言葉で相手に話しかけます。叱るでもない、注意するでもないんだけど、みなさんは交渉というと、もっぱらビジネスや外交でしか使わないというイメージをお持ちでしょう。普段の生活の中で交渉というとピンとこないだろうから、便宜的に「注意する」といってるだけなんです。

音楽を大音量で楽しんで音漏れさせる者がいて、周囲の人が迷惑してるのにガマンしてなにもいわない状態は、音楽を大音量で聴くものの権利だけが行使されて、音楽を聴きたくない者の権利がないがしろにされている状態なんです。同じ電車に同じ条件で乗っている以上は、車中で同等に快適に過ごす権利があります。一方だけが楽しんで、その他の人間が苦しんでるのは異常な状態です。だから私は自分の権利を守るために、交渉するのです。

よそのこどもを叱る意味

たとえ相手がこどもでも、私にとっては教育やしつけではなく、自分の権利を守るための交渉です。近所のこどもたちに将来立派なオトナになってほしいから叱っているのだ、なんて崇高な考えは頭にありません。

いや、そりゃ立派に育ってくれるに越したことはありませんよ。こどものころから、よその知らないオトナに注意されるという経験は絶対必要だとは思ってます。知らない人と関わる、世間と関わる、知らない人に怒られる、こうしたことへの免疫を早い段階でつけて、自分と他人はちがうのだ、と理解しておかないと、将来、ささいなことをいわれただけで傷ついたりキレたりする、めんどくさいオトナになってしまいますから。

世の中には、いろんな考えや価値観を持ったオトナがいて、気に入らないことがあれば怒るのだ、自分の考えを通すためには他人と交渉しなければいけないのだ、ってことをわからせるためにも、オトナはよその子でも叱るべきなのでしょう。

といっても、教育的効果があるかどうかは、私にとっては二の次です。べつにおたくのお子さんがダメ人間やクズ野郎になっても、私に迷惑をかけないかぎりは関知しません。自分が迷惑を受けたと感じれば、私はそれをやめるよう交渉します。

怒る、叱る、注意する、と考えるからハードルが高くなるんです。相手に逆襲されたらケンカになる、と身構えるから、なかなかいえないんです。

自分がこうしてほしい、と考えてることを相手にやってもらえないかと交渉する、と考えたほうが気は楽です。交渉なのだから、相手が反論してくることも当然ありえるし、決裂する可能性もあります。怒ったのに受け入れられないと、ケンカに負けたようで屈辱ですが、交渉したけど決裂した、と考えれば、精神的ダメージは軽いはずです。

ぜひ、みなさんにも根本的に認識を改めていただきたいのです。怒る・叱る・注意するのではなく、交渉するのだ、と。

5　怒るのは正義のためではありません

あなたは正義を信じますか

知らない人やよその子に対して、わりと積極的に注意する人に対し、世間の反応はだいたい二手に分かれます。

ひとつは、「危なくないの？　殴られたり刺されたりしたら大変だからやめたほうがいいんじゃないの？」と暴力ざたに巻き込まれるのを懸念する人。

もうひとつは、「なに正義の味方ぶってんだよ。おめえ何様のつもりだよ。よけいなお世話なんだよ」と意地悪く蔑《さげす》む人。こちらの言葉は、さすがに面と向かって相手に投げつけられることはありません。たとえそう思ったとしても、おもに陰口かネットの書き込みによって正義の味方批判が流されます。

暴力の懸念については項を改めて解説しますので、ここでは正義についてお話ししましょう。

正義の味方ねえ。この私もそう思われてるのでしょうかね。ワハハ。善人にもワルにもなりきれない小心者は、善人になる努力はせず、ワルのふりをしてかっこつけようとするものです。

正義に期待すると、裏切られたり失望したりすることもあるけれど、悪は最初から評判が地に落ちてるから、どう転んでもそれ以上失望しないわけです。正義を揶揄《やゆ》してワルぶるのは、傷つくことを恐れる小心者にとっての失望保険なんです。

ワルぶるのはさすがに幼稚だと思ってやらないオトナでも、「ボクは正義なんか信じない」と公言し、失望保険をかけてることはあります。でも、そういう人ほど内心では人一倍正義にこだわってるんですよね。だって本物のワルだったら、正義を信じるかどうかなんて青臭い議論自体、しませんから。

さらに滑稽なのは、小さな正義すら実現・実行できてないというのに、大義なんておおげさな言葉をマジメに使う人たちが増えてきたことです。正義を信じられなくなったから、もっと大きな大義とやらに夢を託すようになったのでしょうか。大義は正義のバージョンアップ版かなんかだとカンちがいなさってるのかな。正義と大義は、モルツとプレミアムモルツみたいな関係だと解釈してるとか?

むかしから、一部の人間だけが甘い汁を吸える不公平な仕組みを採用したい権力者が、表向きだけもっともらしい理屈で正当化しようとすると、そんなのは大義名分にすぎない、と批判してきたじゃないですか。

大義を振りかざして戦争やったあげくにさんざん痛い目に遭ったかと思えば、戦後は極左が大義の名のもとに爆弾闘争や内ゲバでまた血を流し、大義のせいで大勢の人々が煮え湯を飲まされてきたでしょうに。それでも、のどもと過ぎて熱さを忘れると、また懲りずにふりかざす。

さて、正義を揶揄しようと手ぐすねひいてるみなさんには残念かもしれませんが、私は正義や大義のためになにかをやっているつもりなど、微塵もありません。もしもだれかが「社会正義の実現のために、ボクは今後も公共道徳を守らない連中に注意し続ける」なんて決意を固めていたら、私はその人に、やめなさい、と忠告します。なぜなら、正義を目的になにかをしようとすると、必ず失敗するからです。

守護天使と正義

日本でも、夜に繁華街を歩くと、ガーディアン・エンジェルスを見かけるようになりました。赤いベレー帽かぶって、揃いのジャンパーやTシャツ着て街を巡回し、犯罪抑止活動をしているボランティアの人たちです。ああ あれか、と思い当たるかたもいるでしょう。アメリカではじまり、世界中に広まった活動です。

私は彼らの活動に参加したことはないし、カンパもしてませんが、とても有意義な活動であることは認め、高く評価しています。なにより、口先だけでなく、実際に行動している姿勢に共感します。

正義だの大義だのエラそうに口にして世の中を憂えているのなら、彼らの活動に参加して、率先して世直しをしたらよさそうなものなのに、そういう口先理論家にかぎって、彼らみたいな人たちを、正義の味方ぶったウザいやつら、みたいな感じで揶揄するんですよね。

今回、私もはじめて日本ガーディアン・エンジェルスのサイト（http://www.guardianangels.or.jp）にアクセスしてみました。活動方針などが詳しく書かれてます。一通り読んで気づきました。意外にも、彼らが正義という言葉を使ってないことに。サイト全体を検索しても、ひっかかったのは一個所のみ（二〇一二年七月現在）。アメリカで殉職した警察官を、正義を貫いた人として称えている文章、それだけでした。ガーディアン・エンジェルスは正義のために活動してるとは公言してないし、自分たちを正義の味方だなどと夢想してカッコつけたりもしてませんでした。人々ができるだけ安心して暮らせる街にするという、地に足のついた常識的・現実的な目標を掲げて活動していたのです。これは私も認識不足でしたね。彼らが地道に活動を続けられる秘訣は、正義を気取らない点にあるのではないでしょうか。

正義だけが、なぜか完璧を求められる

正義という概念は、基本的には素晴らしいものです。ただ、それはあまりに大きくて抽象的な概念です。正義を理想とする人が陥りがちな落とし穴、それは普遍性と完璧主義の罠。正義を掲げる人は、あまねく正義が行き渡るのを理想としてしまいます。正義に期待しすぎてしまうのです。でも現実の社会に生きる人ならわかるように、正義を完璧に実現するのは不可能です。

たとえば、べつの抽象概念ですと、「博愛」なんてのがあてはまります。私は博愛主義だ、と宣言してしまったら、選り好みや好き嫌いが許されなくなってしまいます。そうはいっても、人間、だれにだって、苦手な相手や生理的に受け付けない相手がいますよ。テレビで見てるだけの有名人だって、生理的にムリって人が、みなさんだって何人かはいるでしょ？　私もですよ。政治家のあれとか、評論家のあいつとか、学

者のあの野郎とか、都知事の――あ、いかん、これはボカしきれてないな。いいや。嫌いなものは嫌いなんだから。

ようするに、「完全なる博愛」という目標はゴールのイメージとしては美しいけど、だれもそのゴールにたどり着くことはできないのです。

「平等」もそうですね。もちろん平等は大切ですよ。「なるべく平等」「かなり平等」くらいでやめとけばいいけど、「完全に平等」は実現不能です。そこを目指してしまうと、逆にとんでもない管理社会になってしまいます。

概念ばかりじゃありません。法律もまた、完璧ではありません。専門家が練りに練って遺漏のないように作った法律にも、必ずどこかに抜け穴があって、それを悪用する輩が現れます。法改正で穴をふさいでも、またべつの穴を悪用され、また改正、というたちごっこが続きます。しかし、法律が不完全だからといって、「ぼくは法律を信じない」「すべての法を廃止しよう」などといい出す人はいないんです（ごく少数、いますけど）。不完全でもないよりはまし、とみんな考えてるからです。

ところが人は正義にだけは妙にキビシい。「なるべく正義」「そこそこ正義」でもじゅうぶん世の中に貢献しているはずなのに、なぜか正義にだけは、過度な期待を寄せて完璧を求めてしまいがち。「そこそこ正義の味方」「わりかし正義の味方」「たまさか正義の味方」だと、ほめてくれるどころか、批判対象になってしまうことすらしばしばあります。

有名人が気まぐれに寄付なんかをして、たまさか正義を発揮すると、いいことをしたにもかかわらず、偽善者め！　なんて逆にののしられたりしちゃうんですよ。いいことをしてても、それが不完全だと〝偽善〟のレッテルを貼られて悪者にされてしまうのです。

正義を殺すのは完璧主義

正義を目的になにかをしようとすれば、必ず失敗する。私は先ほどそう断言しました。その原因は、完璧主義にあります。

正義のために不道徳な行為を注意するのだ、なんて宣言して実行してごらんなさい。確実にこういわれます。「おまえはそこの不道徳者を注意してやめさせた。でも、街の反対側には、べつの不心得者がいるのだ。そっちはやめさせたけど、あっちは野放しでいいのか。そんなんで、正義だとかいい気になってんじゃねえよ！」

なんとも幼稚な——おっと失礼。ピュアで理想主義的な意見ですね。人生の酸いも甘いもかみ分けたオトナなら一笑に付すだけです。駐車違反を取り締まられた人がよくこの論理を用いて警察を批判してますよね。自分がしでかした悪さを棚に上げて、警察の正義の不完全さを批判する幼──ピュアな人。

しかし正義を標榜するような人もまたピュアだったりするんです。だからこの手の批判をされると、真に受けて悩んじゃったりする。正義にとって最強のボス敵は悪ではなく、完璧主義なんです。完璧主義こそが、正義を殺すのです。

現実主義者なら、こう考えます。仮にその晩、街でマナー違反や不道徳な行為が百件起こってたとして、そのうちのたとえ一件でも注意してやめさせることができたら、それは確実な前進です。それが二件、三件、一〇件と、増えれば増えるほど成果はあがったと評価できるのです。なにも注意しないで見て見ぬふりすれば成果ゼロ。進歩ゼロ。ゼロと一を比べたら雲泥の差があるのに、ピュアな理想主義者は一〇〇と一を比べて悲観的になるのです。

本物の完璧主義者とニセモノ完璧主義者

誤解を招いたかもしれませんけど、私は完璧主義がいけないといってるのではありません。世の中には、本物の完璧主義者とエセ完璧主義者がいることに、注意が必要です。エセ完璧主義者は、人にも世の中にもかえって害をもたらしてしまうのです。

本物の完璧主義者とは、自分の不完全さと向き合った上で、完璧になるまで（一〇〇点になるまで）努力をし続ける人。本物の完璧主義者は、完璧などありえないとわかっています。承知の上で、より完璧に近づけよう、近づこうとするのです。

エセ完璧主義者は一〇〇点満点の状態を夢見るだけで、一〇〇点を目指す努力をしません。中途半端な自分と向き合うこともしません。中途半端な自分を世間に晒すことを恥だと考えるあまりに極論に走り、自分は〇点のままでいいんだと強がってしまう人。

往々にして彼らは、自分だけが〇点でいることに、いずれ耐えられなくなります。するとヒガミ根性が頭をもたげ、完璧を目指して努力している人の足もひっぱり、みんなを〇点仲間に引き入れて、逆パーフェクトな世界を目指そうとするのです。

エセ完璧主義者はしばしば、ゼロか百かの二択にとらわれ、不完全な一歩を踏み出すことを躊躇するものです。

だいぶ以前に聞いた話ですが、バリアフリー運動がまだ世間に浸透していなかったころ、車椅子を使ってる障害者のかたが、住まいの最寄り駅にエレベーターを設置してくれるよう運動をはじめたんです。すると、「おたくの最寄り駅だけに作ったって、降りる駅にもなければ無意味じゃないか」と嘲笑されました。その障害者のかたは涼しい顔でこう答えたそうです。「最初の一個ができなければ、ずっとゼロのままですよ」。

気が向いたときだけ怒ってもいいんです

完璧でない状態をダメなこと、恥ずかしいことと考えてあきらめるから、なにごとも進まなくなるんです。他人に怒ったり注意したりするのも同じこと。気まぐれに注意したりしなかったり、一貫性のなさを笑う人は、減点法で評価しています。たまに注意するだけでも、確実に前進はしてるんです。全然怒らないよりずっとまし。それは一〇〇点を目指す最初の一歩なのだと、なぜ前向きに考えられないんでしょうね。

だれだって、気力のある日とない日はあります。昨日は電車で走り回ってることもを注意したが、今日は仕事で疲れてるから、となりのヤツが音漏れさせてるけど不問に付そう。こんなことは、だれにでもあります。

もちろん私も例外ではありません。他人に注意するのには、それなりにパワーと気力が必要です。私だって、毎日だれかに怒ったり注意したりしてるわけじゃありません。そんなことしたら、くたくたになってしまいます。こっちの精神がまいってしまいかねません。

不愉快な人やこどもに遭遇すること自体、そんなに頻繁にあるわけじゃないですよ。

私の普段の生活圏は、さいわいスラム街みたいに治安の悪い地域ではないですし。他人に注意するのは、平均すれば、せいぜい月に一度程度かもしれません。いちいち手帳に今日はどこで注意した、と書きとめて注意記念日にしてるわけじゃないから、注意したことを忘れてしまったりもします。スコアブックをつけて何勝何敗、勝率何割何分何厘だとか対戦記録を残したりもしてません。

勤め人ではないので私は毎日電車に乗るわけじゃありませんが、たまたま、三回連続で電車の中で不愉快なことに遭遇し、注意したあげく、自分だけが注意していることに嫌気がさして、それからしばらくのあいだ、注意するのをやめてたこともあります。でもまた気が向いて、注意するようになりました。今後も、またやめたり復活したりを繰り返すかもしれません。

給料もらって職務としてやってる警察やガードマンなら責任が生じますから、できうる限り、不道徳な連中を取り締まらねばダメですよ。見て見ぬふりしたら職務怠慢です。

でもそうじゃない一般人なら、むらがあるのはあたりまえのことです。たとえば、電車でとなりの人のイヤホンの音漏れを注意したとします。相手は応じてくれました。その相手が電車を降りたら、入れ替わりに乗ってきた人もまた音漏れさせてた。でも、さっき注意したばっかりでまたいうのも面倒なんで、もういいや、となにもいわずにガマンした。

これ、ひょっとしたら周囲の人たちは、おやっ？　と思うかもしれません。さっきは注意してたのに、なんで今度はしないのだろう？

これこそが、正義が持つ一貫性の罠です。正義は不動の信念と一貫性を持ってなされるべきものだと、われわれは、なんとなく思いこんでしまってます。他人への注意を正義と考えてしまうと、一度はじめたらやり続けないといけないいんじゃないか、って気がしてしまいます。そして他人にも、やり続けることを期待してしまうんです。ずいぶん勝手な理屈です。いつだれに注意するもしないも、それは個人の自由なんですから。好きなときに好きなだけ注意すればそれでいいんです。正義に義務やノルマはありません。

「なんでさっきは注意したのに今度はやらないんだ？」と問われたら、「したくないから」と答えればいい。するとなかにはあなたのことを、偽善者呼ばわりするやつもいるかもしれません。そうしたら「さっきは私が注意したから、今度はあなたが注意してください」と下駄を預けて反応を見るのも、おもしろいと思いますよ。

いずれにせよ、生まれてこのかた、いつも見て見ぬふりばかりして、一度も他人に注意したことなどない人に、正義について説教される筋合いはありません。

気が向いたときだけ注意すればじゅうぶんなのに、マジメな人ほど、自分の正義が一貫性を欠くことで悩んでしまいます。普遍性と一貫性を欠く正義しか実行できないおのれの弱さを責め、嫌気がさしたあげくに、そうだ、いっそのこと注意するのをすべてやめてしまおう。自分がガマンすればいいことじゃないか──ダメですよ。そんな考えかたをしたら、エセ完璧主義のゴールに向けて迷走をはじめてしまいます。

自分のために怒ろう

正義のためではないというなら、じゃあ、私はなんのために他人やよその子に注意したり叱ったりするのでしょう?

答は簡単です。自分が気にくわないから。自分が不快に感じたから。自分が不快に感じたから。

こう答えると、また目ん玉ひんむいて怒る人がいます。「なんだそれは。自分さえよければいいってことか!」ええ、そうですよ。だから私は正義の味方なんかじゃないって、さっきからいってるじゃないですか。

私は自分の身のまわりを、自分の目と手と声の届く生活圏を、少しでも気分よく住みやすいものにしたいのです。ささやかな望みでしょ？　世界平和や世界征服といった、大きな野望は抱きません。

身のまわりの不愉快さが自分の力で取り除けると判断すれば、そのために努力をします。だれかが注意してくれないかなあ、なんて甘ったれた考えは、若いころは持ってましたけど、おっさんになったのを自覚するようになってからは捨てました。自分が率先してなにかをやらなければ、なにも変わらないという事実を、遅まきながら理解したからです。

とはいえ、自分の努力の限界などたかがしれてることは百も承知です。自分の生活圏外までは関心を持たないことにしています。だから街をパトロールして不道徳な者を探し、注意するようなまねはしません。それをやるなら、ガーディアン・エンジェルスのように集団で行動しないとムリです。個人の力で変えられるのは、身のまわりの小さなこと、ささいなことだけなんですから。

電車でたまたま自分のとなりや目の前でイヤホンの音漏れがうるさいときは「ボリュームを下げてくれませんか」と申し入れるし、「こどもを席にのぼらせるなら靴を脱がせてください」と注意します。けど、ずっと離れたところでやってるのが目に入ったとしても、わざわざ席を立って、コラ、そこのこども、やめなさーい！　と注意しにいったりはしません。自分と離れたところで起きてることまで責任は持てません。

それって、勝手ですかね？

たまたま自分の目や耳に入った行為が不愉快に感じたときだけ、自分の手の届く範囲でだけ注意すると決めてるから、私はムリをすることがありません。自分のためなのだと考えたほうが、気負うことなく、冷静に他人に注意することができるのです。

正しさの基準に正解はない

正義のためと考えてしまうとうまくいかなくなる理由はもうひとつあります。いうまでもないことですが、正しさの基準が個人個人で異なるからです。

みんなのため、社会正義のために注意するとなると、みんなの意見を聞かなきゃなりません。聞いたとしてもなお、多数決でいいのかという疑問も生じます。

こどもが靴を履いたまま電車の座席にあがることだって、アンケートをとれば、やめさせるべきだと考える人もいるし、べつにかまわないという人もいることでしょう。どちらが多数派になったとしても、その結果が〝正しい〟ことにはなりません。

仮にアンケートで、べつにかまわないとする意見が多数派を占めたとしても、私が不愉快だと思う気持ちはまったく変わりません。だから、他人の意見など知ったこっちゃありません。私は注意するでしょう。

似たような例で、電車の中で化粧する女性をどう思うかという議論があります。この現象は一九九〇年代中頃から報告されるようになったのですが、おっさん向け週刊誌などの記事では、当時から一貫して否定的な論調が支配的です。

私はこれに関しては、気にならないんです。まあ、下品だなとは思いますよ。けど不快とまでは感じないので、注意したことはありません。

これがもし、他人に注意するのは社会正義のため、なんてことになったら、私は自分が不愉快じゃないのに、車内で化粧してる人を正義という観点から注意しなければいけなくなります。それって、なんかおかしくないですか？ 不愉快に感じてる人、許せないと憤ってる人が注意するべきでしょう。

イヤホンからの音漏れによる被害は、すぐとなりにいる人と離れたところにいる人とでは苦痛の度合いが異なります。もしもその場の多数決によって音漏れが不愉快かどうか、やめさせるかどうかを決めるとなったら、すぐとなりの人と離れたところの人が同じ一票では不公平です。車内のほとんどの人は音漏れ被害を直接受けてないのだから、多数決をとったら、べつにいいんじゃない？ という意見が多数派を占めることもありえます。そうなったら音漏れの被害者は少数派だからという理由で苦痛をガマンしなければいけないのですか。これもまた、納得できない話です。

ああ、どうすりゃいいんだ。もう、わけわかんねえ！　でしょ？　みんなにとってどうだろう、と考えはじめたら、考えれば考えるほど、矛盾の底なし沼にはまっていき、なにもいえなくなってしまいます。

正しさの基準はつねに〝自分〟しかないんです。自分がどう思うか。自分が不快かどうか。それだけが基準です。自分が不快に感じたら自分の責任で、迷惑行為をしている人にやめるよう申し入れる。自分が不快でなければ放っておけばいい。

周囲の人がどう思おうが、それを気にする必要などないし、周囲の人の意見をいちいち聞くことは不可能です。それぞれの基準に従って注意するか無視するかを決めるよりほかに道はありません。

自分の中で基準がぶれたって、全然かまわない。日によって態度を変えたってかまわない。他人と基準がちがったって問題ない。自分の基準で注意して、だれかが異議を唱えたら、話し合えばいいじゃないですか。話し合って、お互いが納得できる基準点を模索すればいい。それができるのが、オトナです。できるから、オトナ。やろうとしないのはお子さまです。

ただし、痴漢などの犯罪行為に関しては、被害者本人がこわくていえないこともありますから、周囲の助けが必要になる場合もあります。私がお話ししたのは、あくまで犯罪とまでいえない迷惑行為についてですからね。重大な犯罪行為も自分が不快じゃなければ放っておいていいのかよ、なんて的はずれのいちゃもんをつけてこないようにね。

6　注意するのは危険なことなのか

図書館でケータイ使う中高年

二〇〇七年八月に読売新聞社が行った、公共マナーについての世論調査があります（読売新聞二〇〇七年八月三一日付に掲載）。統計調査の専門家が何十年も前から、再三再四、口をすっぱくして指摘し続けているにもかかわらず、マスコミが公表する世論調査には、いまだに設問の立てかたや結果の解釈にしばしば強引な点が見られるので注意が必要です。

この調査も例外ではありません。たとえば、「マナーが悪いのはどの世代の人に多いと感じますか」という質問があるんですが、社会現象に関して〝感じますか〟〝思いますか〟なんて質問をしていたら、警報発令です。むかしの人たちは太陽が地球の周りを回っていると感じてたけど、それは事実ではありませんでした。われわれが感じてることは、必ずしも事実を反映しているとはかぎりません。

街行く人に「ナベツネは腹黒いヤツだと思いますか」と質問し、過半数の人が「はい」と答えたとしても、読売新聞はその調査結果を掲載しないはずです。それは事実を反映していない無意味な偏見だから、とかなんとか理由をつけて。

「マナーが悪いのはどの世代だと感じるか」という質問も、それと大差ないことをやってるんです。その結果で明らかになるのは、「回答者が各世代に対し、どんな偏見を持っているか」であって、世の中のマナー違反の実態をこの結果から判断することはできません。

その調査結果はといいますと、若い男女のマナーが悪いと感じる人が多く、高齢者のマナーが悪いと感じる人は少ないということになってます。見事に予想を裏切らない結果です。老人はみんな常識をわきまえたいい人たちだけど、それに引き替え、近頃の若い奴ときたら……これはなんの根拠もなく紀元前から受け継がれている、世界共通のイメージです。

現実には、どの世代のマナーが悪いかは、調査する場所によってまったく異なったものになります。もし全国の大学とその周辺で調べれば、若い男女のマナー違反が圧倒的に多いという結果が出るはずです。なぜなら母集団（調査対象全体）に占める若者の割合が圧倒的に多いのだから。

まったくちがう結果が出る状況もあります。私は仕事柄、週に二、三日くらい、平日の昼間に公共図書館で調べ物をしています。その経験では、図書館でマナーが悪いのは圧倒的に五〇代以上の男性、おっさんとじいさんです。

とりわけヒドいのがケータイマナー。静かな図書館の中に着メロが鳴り響き、周囲に人がいるにもかかわらず、平気でデカい声で通話をはじめる非常識な恥知らずは、九割がたが五〇代以上のおっさんです。

ひとむかし前までは、若者のケータイマナーの悪さが盛んにやり玉にあげられてたものです。いまや、若い人たちはたいていの用件をメールやSNSで済ませてしまいます。静かなもんです。

図書館内であっても、マナーモードにしてメールの送受信をするだけなら、ケータイを使ってもべつにかまわないと私は思ってます。他の利用者を不快にさせるのは、音声通話だからです。おっさんやじいさんはメールを使えないもんだから、音声通話に頼る率が高くなるのでしょう。

と、ここで統計調査の専門家なら、待ったをかけるはずです。平日の昼間の図書館にいるのは、五〇代以上の男性が多いのではないか？　そのとおり。平日の昼間の利用者は、私が館内をまわってざっと数えた感じだと、五〇代以上の男性があきらかに半数以上を占めてます。もうちょっと正確にいえば、六、七割ってところでしょうか。だとしたら、おっさんやじいさんのケータイマナー違反が多くなるのは当然ではないのか？

なるほど。けど、おばちゃんや若い学生や浪人生風の人、それに赤ん坊を乗せたベビーカーを押す若い母親などもそれなりの人数は来てるんです。いまどき彼らのほとんどが、ケータイを所持していると考えていいでしょう。

私は図書館内でケータイ通話をするヤツは、いかなる理由があろうと許せません。自分の周囲でケータイを使ってる声が聞こえてきたら、必ず注意しに行きます。なのに、そのマナー違反者がおばちゃんだったのが二回だけ。若い人やこども連れの母親だったことはゼロなんです。ですから母集団の偏りを考慮に入れてもなお、平日昼間の図書館でケータイマナーが悪いのは、やはり圧倒的に中高年男性だという事実はゆるぎません（私がよく利用する図書館ではね）。

マナー違反を放置する怠慢職員

いかなる理由があろうと図書館でのケータイ使用は許せないと私はいいました。それはいくらなんでも過激じゃないか。中には、緊急の用がある人もいるかもしれないじゃないか——そう批判するかたもいるかもしれません。

たしかに図書館でケータイ使ってる人に注意したときのいいわけナンバーワンは「緊急なんだよ」ですが、そんなの百パー、ウソです。その緊急って、いったい何なんですか。電話に出なければだれか人が死ぬのですか。そのおっさんは心臓外科医で、ドナーの心臓が到着次第、移植手術をはじめる手はずになっているのですか？　それまで図書館でヒマをつぶしていらっしゃるのですか？

本当に緊急の用があるだろうとわかってる人は、そもそも図書館でぶらぶらしてるはずがないんです。緊急の用事に対応しなければいけない人は、会社や現場にいるのがあたりまえ。図書館にいて電話を受けたらおもむろに現場に駆けつけるなんて、そんなのんきな危機管理能力ゼロのマヌケが大事な仕事や取り引きを任されているはずがありません。同情は不要です。

いつもなら他人に注意するときに声を荒らげることのない私ですが、図書館でケータイ通話をしている人に対しては、わざと周囲に聞こえるくらいの大きめの声で「すいません、図書館でケータイ使うのは、やめてもらえませんか！」と注意します。

これには狙いがいくつかあって、ひとつは、その電話の向こうにいる通話相手にも、私の注意を聞かせること。いまあなたがお話ししているこいつは、図書館内でケータイを使うような非常識なヤツですよ、と通話の相手にも伝えてやるためです。

それと、周囲の注目を集めることで相手にちょっと恥をかかせ見せしめになってもらい、他の利用者がケータイ使うのを牽制する狙いもあります。

大きめの声で注意すると、もめごとか、と図書館の職員も駆けつけてきます。これも狙いのうちなんです。図書館で働くような人は、人づきあいが苦手で本だけがともだちみたいな人が多いせいか、マナー違反者、ルール違反者がいても、注意しないで見て見ぬふりする場合が非常に多いんです。それはあきらかな職務怠慢なんで、ケータイ使用を注意して職員が寄ってきたら、ついでに職員も注意します。

「あなたがたは、着メロがなった時点で、だれかがケータイを使おうとしてるな、とわかってたはずですよね。なのに、なぜすぐ注意しに来ないんですか。見て見ぬふりしないで、きちんと注意して責任を果たしなさい。不快に思ってても、もめごとが怖くて注意できずにいる利用者もいるんですから」

〝ケータイ使用は禁止です〟〝電源をお切りください〟なんて掲示をしただけでは、そんなもん、おまじないにすぎません。図書館内に妨害電波を流すなどして、物理的にケータイを使えないようにしてしまうのが最善の策だと思うのですが、その方法を採用している図書館はまだないようです。だとしたら、めんどうでも違反者ひとりひとりに注意し続けて、地道にマナー違反を減らしていくしかありません。見て見ぬふりすれば、マナー違反は確実に増えていきます。

ついでにいうと、マナー違反の放置は、より重大な問題のきっかけとなります。職員がマナー違反を見て見ぬふりする図書館では、置き引きや資料切り取りなどの犯罪被害も増える可能性がかなり高いです。

私は若いころ店員の仕事を長くやってました。店員が店内やお客の動向に無関心になると万引きが増えるという法則は、販売業をやってる者には常識です。犯罪をやろうとする者は、店員や職員のやる気や態度を観察しています。図書館でも、おや、ケータイ使ったりお菓子食べたりしてる人がいるのに、ここの職員は全然注意しないんだな、と無関心さを見切られると、必ずや、置き引きなどの犯行に及ぶ輩が増えるだろう、と警告しておきます。

図書館での正しいケータイマナー

百歩譲って、図書館にいるときに、本当に緊急の電話がかかってきたとしましょう。

その場合の正しい対処の仕方はこうです。とりあえず、すみやかに電話に出てください。マナーモードにしてあればいいのですが、もしマナーモードにし忘れていた場合、出ないと着信音や着メロが延々流れることになり、それだけで周囲の人間を相当ムカつかせるにじゅうぶんです。

電話に出たら、「いま図書館だから、すぐかけ直します」とだけいって、すぐに電話を切ります。そして、図書館の外に出てからかけ直すのが正しいマナーです（もし出口に近ければ、切らずにそのまま相手に待ってもらって図書館外に出てもよい）。こうしてかけ直すのにかかる時間は、せいぜい二、三分。かけ直してたら間に合わないほどの緊急事態が予想されるなら、やはり最初から図書館にいるべきではありません。

私が知るかぎりでは、ほぼすべての図書館で、ケータイ通話は禁止されてます（国会図書館だけは広いので、館内に数か所、ケータイを使用できるエリアが設けられてます）。どこの図書館でも、館内にケータイ使用禁止の掲示がしてあるのだから、知らなかったとはいわせません。図書館に来てるからには、字が読めないなんていいわけは、まさか、しませんよね？

ていうか、ケータイ禁止の貼り紙がなかったとしても、周りに他の利用者がいる状況で、ケータイを使って話をしたら迷惑になるだろうくらいのことは、五〇年、六〇年生きてきたなら常識でわかりそうなもんです。それがわからないような人間は、いったいどんな会社でどんな仕事をしてきたのでしょうか。なのにマナーアンケート調査をやると、彼ら中高年や老人は、自分の同世代はマナーを守る常識人が多く、マナー違反は若者に目立つと、いけしゃあしゃあと回答するんです。いかにこの手のアンケートが実態を反映してない偏見でしかないかが、おわかりになるでしょう。

その調査も、〇七年の結果だけを見ると若者に目立つという結果になりますが、読売のマナー世論調査は一九九八年、二〇〇二年、二〇〇七年の三回実施されてます。どの世代のマナーが悪いと感じるかという質問で、若者と回答する人はつねに多いものの、高齢者と回答した人の割合も、九八年には三パーセントくらいだったのが、〇七年には一〇パーセント近くにまで増加しています。見てる人は、見てるってことですかね。

注意できない理由は暴力と反論？

私がこのように、日頃からなるべく積極的に他人に注意するようにしてることを話しますと、逆ギレした相手が暴力をふるってきたりはしないのか、という点をよく心配されます。よそのこどもやよそのオトナの迷惑行為に憤慨していながらも、注意すべきかどうか躊躇しているみなさんにとって、これは捨て置けないテーマでしょう。

読売新聞のマナー世論調査では、「マナー違反者を見つけても、あまり・まったく注意しない」と回答した人に対し、その理由をたずねています。トップはやはりダントツで、「反論されたり暴力をふるわれたりするかもしれないから」でした。この回答はとても興味深いので、引用しておきます。

反論されたり暴力をふるわれたりするかもしれないから　六四・五%
他人のことに口出しすべきでないから　二六・一%
自分が我慢すればすむことだから　一九・二%
自分の注意が適切かどうか自信がないから　一二・五%
自分には関係がないことだから　八・七%
誰かが注意してくれるだろうと思うから　七・四%
周囲の人から「変わった人だ」と思われるかもしれないから　六・九%
とくに気にならないから　三・五%
その他、答えない　二・九%

（複数回答）

暴力をふるわれるのは、だれだってコワいです。プロレスラーだって、リングの外で知らない人から突然暴力をふるわれたらコワいだろうと思いますよ。

暴力はともかくとして、反論されるかもしれないから注意しないってのは、いただけません。不愉快であることを主張する権利はだれにでもある代わりに、いわれた相手にも反論する権利があるのです。そうでなければ不公平でしょ。反論を許さないのは独裁者です。

どんな極悪人にも、裁判を受けて法廷で反論する権利が与えられることに、腹を立てる人がいますけど、それを認める国に住んでることを、あなたはしあわせだと思わなければいけません。

注意する側がつねに正しいとはかぎりません。もしかしたら、なにかカンちがいや早とちりをしてることもありえます。その場合、相手に反論の権利がなかったら、冤《えん》罪《ざい》になってしまいます。

それとも、反論されるのがコワいという人は、議論に負けることがくやしいのでしょうか。裁判やディベート（弁論術を競うゲーム）では議論に勝ち負けがありますけど、実社会での議論では、明確な勝ち負けがつくことのほうが珍しいんですけどね。お互いがどうやって歩み寄って納得するか。そのために議論するわけで、へりくつでねじ伏せて勝ったほうが相手の権利を奪い取り、自分の好き放題にできるわけじゃありません。

そうはいっても、反論されて再反論できずに黙って引き下がってしまった経験が、悔しくて忘れられませんか？　だったら、どうやって再反論すべきだったか、どういうふうに対処すれば効果的だったか、とことん、考えてみてください。

考え抜いたほうがラクになることもある

私もいろいろと悔しい思いをしてきました。そのたびに、もし今度同じような場面に遭遇したら、こうやり返してみたらどうだろう、こう対処したらどうだろう、と注意のしかたや反論のしかたを考えて試してみて、四〇歳をすぎて、ようやく自分に合った方法をつかみかけてきたところです。

考えに考え抜いた結果、あの場面では自分がガマンするべきだったかもしれないな、と自分の行動を反省することもあるかもしれません。そうやって考え抜いた上で納得してあきらめたりガマンしたりするのなら、それは有意義です。

イヤなこと、不快な経験を考えるのは、だれだって気分が悪いし腹が立ちます。だからなにも考えず、むりして怒りをガマンし、やみくもに感情にフタをして忘れよう――そういうふうに生きてるから、いつまでたっても進歩がないんです。また同じ目に遭ってまた同じ不快な思いをして腹を立て、ストレスためて、忘れるために酒に頼り……そんなこととの繰り返し。

イヤなことは考えれば考えるほどストレスがたまって精神や体調に悪影響をおよぼすんじゃないか、と考えがちですが、それは考えかたがヘタなだけ。だら―っと考えるのでなく、なぜなのか（問題の分析）と、どうすればいいのか（対処法の検討）を徹底的に考えると、逆に怒りがおさまるものです。

ただし、格闘技を極めて相手をぶちのめす、みたいな夢想はダメ。実現可能な対処法のみを考えなければ、妄想の世界にのめりこむだけで終わってしまいます。

それにしても、そもそもなにがおかしいって、このマナー世論調査の「反論されたり暴力をふるわれたり」って回答選択肢を作った人の意識が相当おかしいです。これ作ったの、新聞社の人でしょ？　ジャーナリズムに携わる人ですよね？　社会的に許されていない暴力と、みんなが当然に持ってる権利である反論を一緒くたにするなんて信じられません。せめて反論と暴力はべつの選択肢にわけるべきです。

注意するのはナンパと同じ

これ以外の回答も興味深い。

「他人のことに口出しすべきでない」？　またまたぁ。他人のことに口出しすることほど楽しいことはありませんよ。芸能人のスキャンダルについて、ワイドショーの取材班が街頭でマイクを向けると、べつにファンでもないくせに、みんなとっても楽しそうに、ああだこうだと意見をいうじゃないですか。

「自分の注意が適切かどうか自信がない」？　自分の注意が適切かどうかなんて、頻繁に注意をしている私にだってわかりません。ビックリした？　もしかして、パオロは自分の主張に自信があるから他人を注意できるのだろうなんて考えてました？

とんでもない。自分の注意が適切かどうかは、相手と交渉してみるまでわからないんです。自分のほうがまちがいかもしれないけど、とりあえず注意してみる。交渉してみる。それで相手からこういう事情があって、と説明され、自分の注意が適切でなかったら謝ればいいんです。それは恥でも侮辱でもありません。

知らない人に注意することは、知らない異性をナンパするのと同じなんです。相手が自分のことを好きだという確信がなくたって、ナンパするじゃないですか。うまく応じてくれればラッキーだし、断られたらそれまでです。失敗すること、まちがうことを恐れてなにもしなかったら、扉は開かれませんよ。

注意して暴力をふるわれた実例

さて、そろそろ本題。「注意した相手がキレて、暴力をふるわれる危険性はどれだけあるのか」。

自分も他人に注意するし、怒りはガマンしないで交渉したほうがいいとみなさんにも勧めている以上は、私としてもこの問題を素通りするわけにはまいりません。どんな相手にも果敢に注意せよ、なんて無責任なことはいいません。それを真に受けて実行した人が暴力の餌食になる可能性は否定できませんし、あってはならないことです。いたずらに不安を煽るつもりはないのですが、先に結論をはっきりさせておきましょう。注意して暴力をふるわれる可能性は、もちろんあります。ゼロではありません。

近年の例だとこんなのがありました。二〇一一年一一月。赤信号なのに横断歩道を渡った中年男を、老人が注意しました。すると男は「うるさいんだよ」と老人を殴りました。その勢いで老人は転倒し、打ちどころが悪かったのか、その後死亡してしまったという痛ましい事件。

コワいですねえ。などといいながら恐縮ですが、じつは私も、クルマが来なければ信号が赤でも道を渡ってしまいます。ていうか、歩行者は自分で安全を確認できれば必ずしも信号を守る必要はない、ってのが世界のほとんどの国では常識です。

私もどっかのおばあさん（もちろん日本人の）に「信号、赤だよ！」と注意された経験があります。そのとき私はどうしたか。もちろん殴ったりはしてません。ニラミつけたりもしないし、ムッとしません。カッとなりません。恥ずかしくもありません。ただ平然と歩き続けました。自分はまちがったことをしていないという自信がありますから。

だから注意されたことでカッとなって老人を殴った男の気持ちが、まるでつかめません。なんで怒るわけ？

朝日新聞の記事によると、犯人の男（四八歳）は、こどもと一緒で自称会社役員だったとのこと。自称会社役員なんて見栄を張りたがる男だから、こどもの目の前で他人に叱られ、父親のメンツが丸つぶれになったとでも考えてカッとなったのでしょうか。

なにを注意されたら、カッとなるのか

朝日・読売・毎日新聞の過去記事を検索して、注意されたらカッとなって暴行に及んだ例をピックアップしてみました。

検索条件があいまいなので、統計的な検証はできませんが、八〇年代後半以降だけでも、各紙とも数百件はヒットします。新聞記事になるのは、被害の度合いが大きいものだけです。報道されないささいな事件まで含めたら、件数は数倍に跳ね上がるはずです。

人はどのような理由でカッとなるのでしょうか。知りたいと思いませんか。注意されたらカッとなって暴行におよんだ。さあ、なにを注意されたのか？　って大喜利のお題みたいになってますけど、なかには冗談でしょ？　といいたくなるものもあるんです。

・イスの組み立てを父親に注意され、カッとなってくびを締め殺害。
・一歳の長女の抱きかたがおかしいと妻に注意され、カッとなって家に火をつけた。
・近々退職するので事務の引き継ぎをしていたら、次長から時間外にするよう注意され、カッとなって刺した。

・親子げんかにいらいらした娘（三五歳）が居間に灯油をまいたら母親に注意されたので、カッとなって火をつけた。
・大型家電を購入したことを注意され、カッとなって刺した。

社会面記事の限られた文字数からは詳しい事情まで知るよしもありませんが、そりゃ居間に灯油まいたら注意されるでしょ。

注意した側の理屈にも、理解に苦しむものがあります。事務の引き継ぎだって業務のうちなのだから、勤務中にすべきなのでは？　イスの組み立てで注意されるなら、イケアの家具は買えません。大型家電……モノはなんだったんでしょう。

こうした珍しい例はべつとしまして、記事に頻繁に登場するカッとなった理由の定番は、未成年だと服装や学校サボリ、喫煙、シンナーなど。オトナでは、生活態度、飲酒、盗み、仕事に就かない、朝帰りなど。

その他、ゴミ捨て、のらネコのエサやり、ストーカー行為などいろいろあれど、どれも常識的に考えれば、注意する側に理があるものばかりです。それを注意されたからといって、カッとなって暴力をふるわれたら、たまったもんじゃありません。

犯罪統計における暴行・傷害の実態

いちおう、正式な統計も参照しておきましょう。警察庁は毎年、詳細な犯罪統計をまとめ、『平成○○年の犯罪』として公表しています。以前は印刷物のみで、大きな図書館か都道府県警本部にでも出向かないと見られなかったのですが、ここ十年くらいのものは、警察庁のサイトにアップされてますから、ネットで簡単に見ることができます。

とかく犯罪に関しては、報道されたごく一部の事件の印象だけから、偏ったイメージが作られてしまいがちなので、数値化された客観的事実で思い込みをリセットするのも大切です。

犯罪統計を参照する上でとくにむずかしい点はありませんが、認知件数と検挙件数があることだけは、頭に入れておいてください。おおざっぱにいうと、認知件数は起こったことが判明した犯罪の数で、検挙件数は犯人が捕まった件数です。さらにつけ加えるなら、統計に表れない「認知されなかった犯罪」が多数存在するので、現実の犯罪数は認知件数よりかなり多くなるであろうということも、お忘れなく。

平成二二年のデータによれば、暴行・傷害を合わせた認知件数が五万六一四〇件、検挙数が四万一〇一七件。

事件は現場で起きてるんだ！　ってセリフが流行りましたけど、暴行・傷害事件は実際にはどこで起きているのか。発生場所でもっとも多いのが道路上で一万九〇二五件（三四％）。ついで、住宅一万〇九九三件（二〇％）。このふたつが突出していて、あとはバラけます。

被害者と加害者の関係、なんてデータもあるんです。暴行・傷害の場合、互いの面識なしが五〇パーセント。次が知人友人の二一パーセント。以下、夫婦七パーセント、職場関係者六パーセント、親子四パーセント……。

これに関しては、私が新聞報道だけから形作ったイメージと異なってました。報道だけ見てますと、親子間の暴力ざたが多いような印象を受けます。でも現実にはかなり少ない。おそらくは、限りある紙面で、あまたある事件のうちどれを報道するかとなった場合、インパクトの強さから、親子間の暴力を選びがちなのでは。

犯行におよんだ理由は「憤怒」が八七パーセントと圧倒的。カッとなって暴力をふるうというイメージが、統計上でも確認できました。

路上で、肩が触れたとかささいなことから、あるいはなにかを注意したことで相手がカッとなり、いきなり暴力をふるわれる。そういう例は起こりうる。その事実は統計からも検証できました。

倫理・道徳上は注意する側に正義があるとわかってはいても、現実には、刺されたり殴られたりする危険があるのなら、やっぱり注意するのはやめてガマンしよう、オレまだ小さいこどもがいるし、家のローンも残ってるし——みたいにお考えになるのも無理からぬことです。そういう小市民的感情を、私は責めません。

私は注意して殴られたことはありません

さて、ここまで統計や過去の報道をひもとき、注意することであなたの身に危険がおよぶ可能性をさんざん検証して煽ってきたあげくに、矛盾したことをいいます。私自身は、他人に注意したことが原因で暴力をふるわれた経験は、一度もありません。たまたま運がいいだけだ？　そうですかね？　宝くじも当たったことないし、書いた本もたいして売れないし、運が強いという自覚はまったくないんですけど。

からまれた程度のことなら、数回あります。二〇代のころ電車の中で、突然同年代の若い男に肩をつかまれました。私は窓の外を見ていただけで、注意したわけでもないのに、そいつにガンをとばしたと誤解したようなんです。

そいつは無言のまま私をにらんでるだけなんで、なんだ、やだなあ、こわいなあ、と心霊スポットに来た稲川淳二さんみたいに思いつつも、しばらくにらみあいが続きました。しばらくしたら、おや？　もしかして以前どこかのアルバイトかなんかで一緒になった人だったんじゃないかと思えてきたんで、あ、前にバイトで一緒でしたよね？　と聞いたら「ちがう」とにべもなく否定されました。でも幸運なことに（？）それで私がケンカ売ろうとしてたわけじゃないと理解してくれたのか、彼はにらむのをやめ、何事もなく済みました。

私は顔がコワイわけでもないし、筋肉ムキムキの大男でもありません。人の心を操るような魔術も使えません。

武術・格闘技のたぐいはなにひとつできません。もともとプロレスやボクシングなど格闘系スポーツにも、まったく興味がないんです。野蛮だと眉をひそめたりもしませんが、エキサイトもしません。あんな痛そうなこと、自分から進んでよくやるよなあ、みたいに冷静になってしまうので、感情移入できないんです。

おっさんになったから、注意する行為が多少、さまになってきたのかもしれません。若い人が他人に注意すると、なんだこの若造が、と反発されがちです。かといってあんまりよぼよぼの年寄りが注意しても、なんだこのジジイ（ババア）となめられます。四〇、五〇代くらいが、上にも下にも注意しやすい年代なんですけど、その年代は家族持ちが多いため、どうしてもみなさんことなかれ主義になりがちです。

それにしても、他人に注意して一度も殴られたことのない私は特別なのでしょうか？　強運の持ち主なのでしょうか？

注意して受け入れられても、報道されない

これまでの私の考察には、重大な穴があることにお気づきでしょうか。じつは、すでにヒントを出してあります。メディアや統計に関する読み解きかた（リテラシー）が関係しています。

それでは答えをお教えします。印象的な事件にならなければ、報道はされないのです。事件性がないできごとは、犯罪統計にも載らないのです。

なにをいいたいのか、まだわからない？　たとえば、電車内でとなりのヤツの音漏れイヤホンがうるさいと注意したら、カッとなった相手が暴力をふるい、注意したあなたがケガをした——となれば、これは紛れもない事件です。被害届が出され、犯罪統計の数値をひとつ増やします。

しかもこれは社会正義を愛する一般市民にとって許しがたい行為であり、マスコミの記者も同様に感じるはずです。この悪を糾弾する気持ちを読者や視聴者とわかちあ

いたいという気持ちから、この事件は報道される確率が高いのです。

では、音漏れを注意したけど、相手に無視され、あきらめた場合。もしくは、相手が素直に非を認めてボリュームを下げてくれ、平和的に解決した場合はどうでしょうか。どちらも新聞ダネにはなりません。犯罪統計にも載りません。「いいひと統計」ってのがあれば載りますが、悪いことに比べ、いいことは調べようがありません。

「昨夜、五月一五日の八時ごろ、〇〇線電車内で若い男性がイヤホンから音漏れさせていました。それをとなりの中年男性が注意したところ、若者は素直にボリュームを下げ、車内は静けさを取り戻しました」――なんてテレビニュースを目にしたことはありませんよね。たまたま記者がその同じ車両に乗り合わせてでもいないかぎりは、そういう事実があったことすらわかりません。もちろん他の乗客も、そんなできごとを目撃したからといって、感動していちいちマスコミにネタを持ち込んだりもしないでしょう。

てことは、ですよ。実際には、音漏れを注意しても何事も起こらなかった確率のほうが、殴られた確率よりはるかに高いのに、殴られたケースのみが報道されることで、いかにも注意すると必ず殴られるかのような錯覚に陥っているのではないか。そうは考えられませんか？

報道は、現実世界で起こっているすべてのものごとを忠実に伝えているわけではありません。日々起こる無数の出来事の中から、印象的なものや、報道する価値があると判断したものだけをピックアップして伝えるのです。

ルール違反を注意してやめさせた成功例は、ほぼまったくといっていいほど報道されないのに、注意に失敗してヒドい目に遭った例のみが報じられてしまうのです。もちろん報道する側が故意にやってるわけではありませんけど、こういう報道に何度も接することにより、注意するのは危険だという印象だけが、世間の人の脳に刷り込まれていくのです。

これが報道の怖さでもあるんですね。報道が不要だといってるのではないですよ。現実社会で起きている膨大な情報をすべて知ることができないわれわれにとって、それをダイジェストで教えてくれる報道は、とても便利で利用価値も高いのです。

しかし報道は世界の精巧なミニチュアを作っているのではありません。あくまでダイジェストですから、報道から得たイメージをそのまま拡大しても現実世界を復元することはできません。いびつなデフォルメになるだけです。

なお、ネット信奉者はマスゴミとかいって歪みを批判しますけど、むしろネットのほうが、自分たちの好みや主義主張に沿ったネタだけをあからさまに流す傾向が強いので、現実のいびつなデフォルメであることに変わりはありません。

近年なにかが増えたというイメージ

学級崩壊やモンスターペアレントの問題も似たところがありまして、メディアはああいう例のうち、最悪のもの、極端な事例だけを紹介するんです。そのほうがインパクトがあって視聴者や読者の食いつきがいいから。

もちろん、信じられない要求をしてくる親がいるのも事実ですが、実数はそんなに多くはないと、『現代思想』二〇一二年四月号に小学校教員の岡崎勝さんが書いています。常識やルールを知らない未熟な親に対しては、説明してわからせることが必要なのに、教員のほうがきちんと説明しないせいで、問題を余計にこじらせているという指摘には、うなずけます。

教育学者・広田照幸さんの『日本人のしつけは衰退したか』によると、学校に対して執拗にさまざまな要求をしてくる親の存在は、一九七〇年代くらいにはすでに教師を悩ませる問題になっていたそうです。

みなさんそんな事情はごぞんじない。私が思うに、モンスターペアレントが近年特有の問題だと思ってる人が多いのは、メディアの伝えかたのせいです。自分勝手な親はむかしからいたのに、名前がなかったからみんな存在を知らなかった。それが新たにモンスターペアレントというキャッチーな名前をつけられてマスコミが報じることで、「むかしはそんな親いなかったのに」と勝手に解釈してしまうのです。

犯罪統計の解釈も、報道を見るのと同じくらい慎重にしなければいけません。マナー違反者を注意して成功した件数、そして、無視されて何事もなく終わった件数は、統計データにはなりません。暴力沙汰になって、しかも警察が介入したり、被害届が出されたりした最悪の例だけが、犯罪統計として残るのです。

注意しても何事もなかった件数のほうが、暴力沙汰になった件数よりはるかに多いのかもしれません。と同時に、実際に起こった暴力が統計よりもっと多い可能性も否定できません。車内で注意して暴力をふるわれたすべての例が統計に反映されているわけではないからです。肩を小突かれた程度の軽微なものまで含めたとしたら、暴力沙汰はいまの統計数値よりずっと多くなるはずです。

一九九〇年代に入ると、駅員に対する暴力行為が急増しているという報道を頻繁に目にするようになりました。で、毎度のようにマスコミは、不景気によるストレスだの、キレやすい人が増えた、などともっともらしい（でも根拠はない）理由付けをして、読者もそれで納得してます。

しかしここに疑問を持った、建築・都市問題の専門家である五十嵐太郎さんは、JR東日本の担当者に問いただしました。この暴力の急増は、以前は統計に加えなかったささいな暴力までカウントするようになったからなのではないか、と。するとJR側は、データの取りかたが変わったのは事実だと認めました。重傷になるほどの暴力事件にかぎれば、件数はむかしからほとんど変わっていないのだそうです。

二〇〇〇年ごろまでの報道では、駅員への暴力は首都圏のJRのみでたくさん起きていて、他の地域や私鉄・地下鉄ではあまり起きていないとされていました（『週刊大衆』二〇〇〇年七月一七日号など）。

それもヘンな話だなあと思いますよね。ガラの悪い乱暴者はJRを好んで使い、紳士は私鉄・地下鉄を利用するのですか？

読売新聞では、こんな事実が暴露されてました。大阪の地下鉄とバスを運行している大阪市交通局では昭和二〇年代からずっと、職員に我慢手当なるものを支給していたそうです（一九九二年四月一五日の記事による。現在もその手当があるかどうかは不明）。客に殴られたら一回千円の手当が出てまして、支給回数は年平均六〇から一〇〇件だというんです。

我慢手当というくらいだから、殴った乗客を警察に突き出さず、穏便に済ませてしまうことを前提としていると思われます。駅員への暴力はむかしからあったけど、表ざたにしていなかっただけという証拠です。

二〇〇〇年代に入ると、首都圏以外の鉄道各社でも駅員への暴力が起きていることが報道されるようになりました。でもそれは、そのころから急に増えたというよりは、きちんと統計をとって公表するようになっただけ、と解釈するのが自然です。

電車内でのマナー違反への注意、実際の反応は？

電車内のマナー違反に注意した場合、実際のところは、どんな反応が返ってくるのでしょうか。

週刊誌『SPA!』二〇〇八年八月一二・一九日号には、記者が電車の中を見て回り、実際にマナー違反者を注意してみる体当たり記事が掲載されてます。なかなか骨のある記者ですよ。現場でマナー違反者に突撃取材するなんて、見上げたジャーナリスト魂です。

過去の新聞雑誌を調べますと、電車内でのマナー違反を強い口調で批判したり、ウイットたっぷりに皮肉な調子でこきおろすコラムや記事はたくさん見つかります。でも、その中で実際に注意したという例は、ほとんどありません。

識者やコラムニストのみなさんは、マナー違反を目撃したその場では、みなさんなにもいえずにおとなしくしていらっしゃる。相手に殴られる心配のない家や新聞社でコラムを書く段階になると、急に正義の論客やカミナリオヤジに変身するのです。『SPA!』の記事ではマナー違反者のいいわけ例がいろいろと紹介されてます。もちろん、おかしないいわけを引き出すのが記事の狙いだったので、記事のほとんどはそれなんですが、注意したらやめてくれる人もいたという事実も、ちゃんと書き添えてありました。

私自身の経験では、注意しても無視・シカトされる確率が最も高いです。大部分といっても過言ではありません。こちらの要求を受け入れてくれるケース、つまり交渉がうまくいくのは、シカトより少ないけど何割かあります。反論されたり罵倒されたりすることが、ごくたまにあって、暴力をふるわれたことはゼロ。

あくまで私個人が、東京・千葉近郊で経験した事例のみに基づいてますから、これを一般化することはできません。けど、逆に知りたいのですが、注意するたびに毎回殴られてる人っているんでしょうか。それもちょっと考えにくいですね。

これまで私が無事だったのは、たまたま運がよかっただけなのかもしれません。ひょっとしたら、この本が書店に並ぶ頃には、私は運悪く殴り殺されていて、これが遺作になっている、なんて可能性もなくはない？　あんまり考えたくはないですが。

注意して暴力を受けないための予防措置

本書を読んで私の主張に賛同し、よし、自分も他人の行為に腹が立ったらガマンせず、なるべく注意してみよう、と決心してくれるかたが少しでもあらわれたら、そのこと自体はとてもうれしいのです。でもうれしいからこそ、不安もあります。せっかくその気になった人が、注意したことで暴力被害を受けたりしたら、やっぱりイヤです。そうなることは極力避けてほしいんです。

注意して暴力被害を受ける可能性は、世間の人がイメージしているよりもかなり低いので、むやみに恐れることはないとはいえ、ゼロではありません。確率は低いから危険は無視して予防措置も取らなくていい、なんて考えるのは救いようのない愚か者です。現に、そういう姿勢でやっていた原発は爆発しました。

私は無責任なことをいいたくないから、危険性がゼロでない以上は、きちんと警告しておきたいのです。自分も危険な目には遭いたくないですし、他人にも絶対避けてほしい。

なかには、ウゼえやつに注意されたら問答無用でぶん殴ると決めていて、うずうずしてるとんでもない輩もいるかもしれません。そうした意図的な悪意から逃れるのは困難です。通り魔に遭遇するようなもので、それこそ運が悪いとしかいえません。

しかしほとんどの暴力は、激情で・カッとなって・キレて・突発的に起こるものだということが犯罪統計からも明らかになってます。だから油断せず覚悟しておくことで、注意したことで受ける暴力被害のかなりの部分は、防げるのではないかと私は考えてます。

もちろん私も、注意するときはある程度の覚悟をしています。それがもしかしたら、暴力被害を受けない結果につながっているのかもしれませんので、私なりの暴力回避の対策を、思いつくかぎりあげておきます。効果のほどは保証できませんが、安全のためには、知らないより知ってたほうが絶対ましですから。

① 明らかにヤクザみたいな相手、あるいは目つきが尋常じゃないとか、こいつは絶対ヤバいと思う相手には注意しないこと。

こういうと、「なんだよ結局強い相手にはなにもいえねえのかよ」とケチをつける人が必ず出てきます。だから私は正義の味方じゃないと、先に何度も念を押しておいたはずです。みなさんも、正義の味方になろうだなんて、夢にも思ってはいけません。

みなさんは正義の味方にもスーパーヒーローにも魔法少女にもなれません。自分にできることから実行する現実主義者になってください。

一般人は、危ない連中には手を出さず、本職の警察にまかせるべきです。暴走族を注意しにいった一般人が、暴行を受けて命を落としたなんて例は、過去に何件かありますが、そういうのは個人で対処しようとしてはいけません。警察に通報してください。そのために警察はあるんです。

危険なヤツや極悪なヤツを、どうしても自分の手でとっちめたいのなら、どうぞ、警察官になって存分に活躍してください。そのほうが、あなたもみんなもしあわせになれます。

② 恫喝じみた言葉をぶつけたり、声を荒らげてケンカを売るようなマネは極力しないこと。

③ 注意するときは、最低でも片腕の長さ分だけ、相手と間合いをあけること。要は、突発的に殴られる危険を避けるためです。

④シカトされても決して深追いしないこと。注意したのに相手にシカトされると、恥ずかしさと敗北感から、頭に血がのぼり、執拗に追い詰めたくなってしまいがち。その気持ちはわかりすぎるくらいにわかります。でも、ここが、正しいガマンのしどころなんです。注意することはガマンしなくてもけっこう。でも、注意したあとで追い詰めたり暴力をふるったりすることは、ガマンしなければいけません。

じつは、公衆の面前で注意されたという事実だけで、相手にはかなりの精神的ダメージを与えているのです。シカトして平気なふりをしていても、内心おだやかでない場合が多いのです。

深追いしないという方法論は、暴力を避けるためにはかなり重要なことだと私は考えてますが、これまであまり議論されてこなかったようなので、詳しくお話ししましょう。

ある日の電車での音漏れ君

朝の九時半くらいでしたか、満員ではないけどそこそこ混んでいる電車で、私は座席に座ってました。それまで音はしなかったのに、気がつくと、音漏れが聞こえてきたんです。おそらく途中の停車駅から乗ってきた人が発しているのでしょう。ハードロックみたいな音楽が、けっこうな音量で聞こえてきます。

以前に比べ、電車で音漏れに遭遇する機会はかなり減った気がします。いい音を求めて、本格的なヘッドホンや、耳の穴にすっぽり差し込むインナーイヤー型と呼ばれるイヤホンを使う人が増えたのが、ひとつの原因なのでしょう。それでもまだ、たまに音漏れさせてるヤツはいます。

ところで私、右の耳が難聴気味なんです。生まれつきではなく、成人してからなった突発性難聴です。その私がうるさいと感じるくらいだから、きっと周囲の人たちも迷惑してるはずですが、案の定、みんなガマンしてなにもいいません。

実際なってみないとわからないのですが、両耳の聴力に差があると、音の方向性がわからず不便です。みなさんが、どこで音が鳴っているかを特定できるのは、両耳の聴力が平均しているからです。右耳と左耳に入る音の強弱やタイミングの微妙な差から音源の位置を特定するというすごいことを、まったく意識せずにやってるんです。だから私の場合、音漏れに気づいても、左右を見回して、ヘッドホンやイヤホンをつけてる人がどこにいるか、だれが音漏れさせてるのか、確認する必要があるんです。

どうやら、私の左斜め前方向に立っている、学生風の若い男性が音漏れの発信源にまちがいなかろうと思ったので、私はその音漏れ君（仮名）に向けてやや大きめの声で、「すいませんが、ボリューム下げてくれませんか」といいました。

大音量で聴いているとはいえ、音漏れ君にはたぶん私の声が聞こえているはずです。なのに私の注意は聞こえないふりをしています。すると、彼のとなりに立っていた同年代の学生風の男性が、音漏れ君をちょんちょんと指で小突いて注意を惹き、指で耳を指すジェスチャーをしたのです。きっと彼もとなりでずっと、やかましさをガマンしていたにちがいありません。注意したかったのに、いい出せずにいたのです。それが私が声を上げたことで、味方がいるとわかったので、勇気を出して自分でも音漏れ君とコミュニケーションをとってみる気になったのでしょう。

しかし音漏れ君は彼の忠告も無視し、無言でしらばっくれたまま盛大に音を漏らし続け、何個か先の駅で降りました。

実行不能な対処法

で？　で、といわれても、それだけですよ。ご不満？　悪には天誅《てんちゅう》が下されるべきですか？　力ずくでもやめさせるべきでしたか？

水野敬也さんは『ｄａｎｋａｉパンチ』二〇〇八年八月号で、音漏れ君をやっつけるアイデアを披露しています。電車が揺れたタイミングを見計らい、リモコンのボリユームをマックスまで上げて、鼓膜にダメージを与えるというものです。それ、水野さんはご自分で試したのでしょうか。絶対、試してませんよね。プロのマジシャンかスリぐらいに器用な人でないかぎり、リモコンの小さなボリュームを一瞬で操作することなど不可能ですし、それをやったことが（やろうとしたことが）相手にバレたら、なにすんだテメエ、と殴られるかもしれませんよ。

ま、水野さんはギャグのつもりで書いてるわけで、これを実行する勇気がないときは、いつでもおまえの鼓膜を破壊することができるんだぞ、と妄想して自分をなぐさめましょう、とコラムを結んでいます。

ギャグをマジメに批判するのはヤボだ、といわれるかもしれませんけど、正直、全然笑えません。笑えもしないし実行も不可能なアイデアを教えられたところで、読者はなにも得るものがありません。

黙ってこっそり罰を与えようだなんて料簡を起こしてはいけません。それこそ、正義の味方どころか、神にでもなったつもりでいるのだから、とんでもない思い上がりです。不快なことをやめさせたかったら、相手にじかに申し入れ、納得の上でやめてもらうしかないんです。それ以外の方法はすべて、邪道で違法で危険なやりかただと心得るべきです。

私が他人に注意する際に目的とするのは、不快な行為を相手にやめてもらうこと。それだけです。それ以外はなにも求めないし、求めてはいけないのです。ここだけは絶対ブレてはいけません。それ以外を求めた時点で、あなたは堕落した正義へとまっしぐらに突き進みます。

あなたが注意したことで相手が迷惑行為をやめてくれたら、それで満足すべきです。やめたのになお、謝罪しろ、反省しろ、土下座して謝れなどと相手に求めたら、それはもはや正義ではありません。ヤクザです。

痛い目に遭わせるとか、相手に罰を与えるというやりかただと、罰が目的になってしまいます。仮に相手が痛い思いをしたとしても、それによって迷惑行為をやめる保証はまったくありません。音漏れ君の機械のボリュームをこっそりあげる作戦だって、万が一うまくいったとしても、いや、うまくいってあなたの犯行だとわからなかったらなおさら、相手は満員電車内で起きた偶然の事故だと考えるでしょう。そして次の日からも悪びれることなく音を漏らし続けるのです。

だいいち、直接殴るにせよ、間接的手段にせよ、相手を痛い目に遭わせた時点で、あなたは暴力の加害者になることをお忘れなく。その道義的責任を感じないとしたら、あなたは完璧にヤクザです。

注意してシカトされたら、こっちの勝ち

私は音漏れ君に対し、ボリュームを下げるようにいっただけで、結局無視されました。ほらみろ、注意したってなんの効果もないじゃないか、とご不満なかたもいらっしゃることでしょう。せっかく勇気を振り絞ってみんなの前で不心得者を注意したのに、シカトされる結果に終わると、すごく落胆し、やっぱり注意なんてするんじゃなかった、もう二度と注意なんかしない、とあきらめてしまうのは、怒り初心者にありがちなパターンです。

でも、がっかりするのは早計です。どうやら日本人の場合、公衆の面前で自分の行為を注意されたというだけで、じゅうぶんに恥ずかしいことのようなんです。注意されただけで、穢《けが》れを受けたかのような、かつてない悪運に見舞われたかのような思いをして、心が傷ついてしまう人が、日本人には多いようにお見受けします。

注意されてキレる人もたまにいますけど、それは少数派。反応として圧倒的に多いのは、「すいません」と謝るか、シカトです。

注意されてシカトする人には、二種類あります。ひとつは、自分の行為の正当性に絶対の自信を持ってる場合。そういう人には、深追いして二度や三度注意したところ

で、効果はないでしょう。信念を変えさせるのは容易ではありません。

もうひとつが、公衆の面前で恥をかかされたと感じたので、傷ついた自尊心を守るためにシカトする場合。ハートの弱い傷つきやすい人ほど、だれかに自分の行動のあやまちを指摘されることを恥と考えるし、自分のあやまちを認めればさらに恥の上塗りになると考えます。

だからあの音漏れ君のように、注意されても無視を貫き、オレは平気だぜ、ビビってねえんだぜ、と強がることで、恥をかかされ穢れを受けた事実を帳消しにしたいわけです。シカトは、ハートの弱い人間が、心が折れぬよう必死でがんばってる姿なんです。けなげなもんです。

つまり、このタイプの人に対しては、公衆の面前で一度注意しただけで、けっこうな心理的ダメージを与えているのです。深追いしてそれ以上傷口を広げると、キレて暴れるかもしれないので危険です。

だから自分に自信があってシカトしてる人にも、弱さを隠すためにシカトしてる人にも、注意の深追いをするのはムダってことになります。

というわけで、相手が日本人の場合、公衆の面前で注意するだけでも、罰としての効果はあります。でもお叱りビギナーのみなさんは、シカトされると負けたと感じて、必要以上に腹を立てたりヘコんだりしてしまうんです。

ボリュームを下げてくれと音漏れ君に注意してシカトされたら、ボリュームを下げさせることには失敗したことになります。外から見える結果だけを見れば、たしかに注意した側の負けです。

けど、相手に公衆の面前で注意されるという恥をかかせた時点で、じつは注意した側がポイントをゲットしてるのです。トータルで判定すれば、注意してボリュームは下げてもらえずとも、相手に精神的ダメージを与えることには成功してるので、勝負は引き分けです。注意をせずにガマンしてしまったら、相手はなにもダメージを受けず、あなたが一方的に怒りとストレスを溜めこむはめになります。

深追いせずにうまくいった例

うまくいかなかった例だけあげるのもシャクだから、深追いせずに成功した例もお話ししておきます。ある平日の夕方、路線バスに乗ったときのこと。そのバスは電車のような横に長いベンチ式の座席ではなく、一人用座席が前を向いてタテに並んでるタイプの車両でした。

私のすぐうしろの席で、ピコピコピロピロとゲームの音が鳴りはじめました。うるさいなと感じたので、申し入れようと、すぐに後ろを向きました。てっきり相手はこどもだと思ってたのですが、振り向いてみると後ろの席にいたのは、作業着を着た、茶髪でヒゲ面、コワモテのあんちゃんでした。

やっちまったかな、と思いつつも、振り向いてしまった以上は引き下がれません――おっと、もちろん危機回避を優先するなら、この段階で注意をやめるのもアリですが、このときの私はチャレンジしてしまったんです。

「すいませんけど、それ、音を消してやってもらえませんか」と、まじめに具体的に申し入れました。

あんちゃん、私の顔をじろっと見たきり、なにもいわずに、またゲーム画面に目を戻してしまいました。ああ、こりゃダメだな、とあきらめました。キレて殴りかかってこなかっただけでもラッキーだったと考えて、私もそれ以上なにもいわず、前を向いて座り直しました。

すると、音がピタッとやんだのです。ボタンをペチペチ押す音だけがします。あんちゃんは音を消して、ゲームを続けてました。私の申し入れを受け入れてくれたんです。

深追いせずとも、交渉が成立することもあるんですよ、という例でした。

⑤　万が一、だれかを注意して身の危険を感じたら、まず逃げることを考えてください。絶対に立ち向かってはダメ。これ、じつは一番重要だったりします。私は注意するとき覚悟をしているといいましたけど、それは闘う覚悟ではありません。いざとなったら逃げる覚悟です。暴力から逃げることは恥でも敗北でもありません。

武道経験者など、腕におぼえがある人は、なおさら暴力は御法度です。そういう人たちは重々ご承知でしょうけど、有段者が相手にケガをさせたら、相手が悪かったとしても、過剰防衛で加害者にされてしまいます。いくら正しいことを貫いたとしても、過剰防衛で社会的地位や仕事を失ってしまったら、それはあなたの負けなんです。

まとめ・注意する際のコツ

ではこのあたりで、これまで述べてきた、よそのこどもやよそのオトナに注意するときのコツをまとめておきますので、再度ご確認ください。

・気づいたら、すぐに。
・まじめな顔で。

・具体的に。
・声を荒らげない。
・乱暴な言葉を使わない。
・注意でなく、権利の交渉のつもりで。
・気が向いたときだけでもかまわない。
・完璧な結果（解決）を期待しない。
・主張の一貫性にこだわらない。
・深追いしない。
・暴力からは逃げる覚悟で。
・正義の味方には、なってはいけない。

以上が、私がこれまでの経験から、比較的効果的だった――のではないかと思えるコツです。もちろんこれは私に合った、私なりのスタイルです。これが絶対正しいやりかただと押しつける気はさらさらありません。

いや、私はちがう方法で注意して成果を上げているぞ、とおっしゃるかたがいたら、それはそれで大変けっこうです。今度ぜひ教えてください。

ここまで情報を公開してもなお、やっぱり他人に注意などできないよ、というかた。

それもまた、けっこうです。

ご自分で注意しなくてもけっこうですが、ひとつお願いしたいのは、もし、だれかが他人の悪行や迷惑行為を注意している場面に居合わせたら、せめてその人の味方をしてあげてほしいんです。

いざこざに割って入るのもムリだというなら、暴力沙汰がおきそうになった時点で迷わず警察に通報しちゃってください。むかしとちがっていまはみんな携帯電話持ってますよね。ケータイで証拠の写真やムービーを撮ってしまう手もあります。

もっともけっこうでないのは、〝怒らないための本〟みたいのをパラパラと一読しただけで、他人との交渉をたやすくあきらめ、やみくもにガマンするようになることです。

それはあなたの本当の感情を無理にねじ曲げ、自分にウソをつくことであり、非常に危険です。そんなことをしてガマンにガマンを重ねてたら、いつかあなたの感情は爆発してしまいます。あなたにとっても、あなたの周囲の人にとっても不幸な結果を招くことでしょう。

なにか不満や不愉快なことに悩まされていて、相手にいうべきかガマンすべきか迷っているなら、まずは、そのことについて徹底的に考えてください。なぜそうなるのか。どうすればよりよい状態に持っていけるのだろうか。だれかの助け（もしくは警察・行政の力）を借りられないだろうか。何日も何週間も考え抜いてください。

その上で、やはりこれはガマンするしかない、注意はしないと決断したのなら、それは納得ずくのガマンですから、あなたにとって意味があるはずです。

7　電車マナーの近現代史

大正時代のマナー本

大正八年刊の『現代国民作法精義』は、いまでいうところのマナー解説書です。大正・昭和初期には、これに類似したマナー解説書、公衆道徳教本みたいのが、けっこうたくさん出版されてました。道徳への関心が高かった？　そういうと聞こえはいいですが、裏を返せば、不道徳な連中が世の中にたくさんいたというだけのことです。

その本のなかの一節にこうあります（現代かなづかいの表記に直してあります）。

我が国においては、家族、親族、知己、朋友間には礼儀作法おおいに備われるものあれども、公衆および公共物に対する礼に欠けたること多し、ことに船車中において然りとす。

現代にも通じる指摘ですね。日本人は先輩に呼ばれて返事しなかったら、ヘタしたら殴られますが、病院の待合室で名前を呼ばれても、だれも返事しないんです。日本人は仲間内の礼儀には異常なまでにキビシいが、他人に対してはひどく冷たく、ときに無礼なふるまいを平気でするというのは、戦後に書かれた日本人論に共通して指摘されている特徴です。でもその傾向は、大正時代からすでにあったんですね。

とりわけ船車中で礼に欠けるとする『現代国民作法精義』では、電車・汽車での不道徳の例をたくさんあげています。手荷物を大量に持ち込む、喫煙、座席に横になる、服を脱ぐ、着替える、など。平成のいまになっても、電車の中で女子高生が制服から私服に着替えていた、なんて目撃例が新聞投書に載ってますから、過去の珍しい事例だと一笑に付すことはできません。

お年寄りに席を譲らない若者

電車のマナーに関しては、記録がけっこう残ってますので、近現代日本人の道徳心・公徳心の歴史について検証するいい材料になります。

日本人の道徳心や倫理観は、少なくともここ数百年間、進歩も退化もせず、ほとんど変わっていないのだと、私は一貫して主張してきました。むかしの人がいまの人より道徳的にすぐれていたことを証明する史料はほとんどありません。逆に、むかしの人もいまと劣らず道徳心のないダメ人間だったことを示す例なら、掘ればざくざく出てきます。

本書の「はじめに」のところでも、電車のマナーの歴史についてて少しふれました。そこで、大正時代のおばあさんが投稿した新聞投書の例をあげたのをおぼえてますか。そう、近頃の若者は年寄りに席を譲ってくれないとなげく内容の投書です。いまとまったく同じ道徳問題がむかしも日常的に起こっていた例ですが、じつはこのあと、さらに驚愕の展開が待っていたのです。

とりあえず、読売新聞大正一三年一〇月七日付、投書欄の「市民塔」に載ったおばあさんの投書を引用しておきましょう。

わたしのような婆が乗るとすぐ席を譲ってくれたりした時代はとっくに過ぎて、近頃の若い人は少しもそんな情心がなく、ウルサイと思ってかすぐ本を読むふうをするから腹が立ちます。（七十老婆）

この当時の新聞の文章は古めかしい表記で、句読点もほとんどなくて読みにくいんです。以下すべての引用において、適宜、句読点を打って、漢字をひらがなに直すなど、表記を変更していることをおことわりしておきます。

余談ですが現在ではどの新聞でも、投書は原則、本名使用となってます。しかし戦前は匿名が普通でした。といっても凝ったペンネームをつけることは珍しく、この〝七十老婆〟のような単純なものがほとんどでしたけど。

このおばあさんもまた、「むかしはよかった症候群」にとらわれているんですよね。近頃の若い人は、といってますけど、それ以前の若者も同じだったはずです。自分が若いころは、老人に席を譲らない人が多いことにはあまり気づかない。それが歳を取って自分が席を譲ってほしくなってはじめて、譲ってくれない人が多いことを実感するんです。すると、むかしはこんなことはなかった……と勝手に新奇な現象だと決めつけてしまいがち。

ともあれ、この投書の趣旨は、現代人にも理解できます。この投書だけならば、こういうことって、いまでもあるよね、くらいの感想で終わりです。ところが二日後の新聞投書欄を読んで、私は啞然としました。このおばあさんの投書を受けて投稿された反響の意見が載ったのですが――ちょっと長いけど、私が受けた衝撃をそのまま感じてほしいので、引用します。

席を譲ってくれないとグチる七十婆さん、大体からあなた方は図々しすぎる。席を譲れといわんばかしにその面憎い顔を遠慮もなく出された日には当方でも少々嫌気が差して意地が出る。どうせ投書するような婆さんだものあんまりおとなしくもないだろうて。若い娘さんが満員の目前に立たれたならば少々は気の毒に感じるが、面の皮の千枚張のあなたたちなら、顔を見られるのがうるさくてか、もしくは臭い匂いに閉口してか席を譲ってあげるのだ。情心はもっとおとなしい婆さんにのみ向けることが出来るのだ。せいぜいおとなしく電車の中に立っていて下さい。誰でも席を譲りますから。（二十男）

再度念を押しますが、これ、ネットの掲示板から引用したのではありません。九〇年近く前、天下の読売新聞の投書欄に堂々と掲載されていたんです。

いまならこんな投書が送られてきたとしても、決して紙面に掲載されることはないでしょう。だってオピニオンなんてレベルではなく、単なる悪口、罵詈雑言だもの。

いまブログにこんなの書いたら即、炎上・削除・閉鎖です。

それが大正時代には、新聞の投書欄に載ってしまうんです。よい意見であれ、悪い意見であれ、それがありのままの読者の考えだから載せるのだ、という信念のもとに編集してたのなら、それはそれでスジが通ってるといえなくもないけど……そこまで深い考えがあったのでしょうかね。

しかも、これで終わりません。まだ続きがあるんです。さすがにここまでヒドい投書を目にしたら、当時の読者とて黙ってはいまい。先日の投書で年寄りに暴言を吐いた青年よ、恥を知れ！　みたいな批判が載るのではないか、そう私は期待して、翌日以降の投書欄を読んでいきました。ところが予想に反して、なんと、ばあさんを罵倒した若者に同感の意を表する投書が二通掲載されているではありませんか。

これが戦前の日本人のありのままの心象風景だったとしたら、あまりにも哀しすぎます。荒《すさ》みきっています。

こればかりでなく、戦前の新聞を読んでますと、むかしの人ってデリカシーねえなぁと感じることはしばしばあります。以前、戦前の新聞に載ったさまざまなやせ薬の広告を調べたのですが、いまみたいに婉曲的な表現を使わないんです。デブは醜くて早く死ぬからこのクスリ飲んでやせなさい、みたいな直球勝負のコピーがけっこう多いんです。

差別用語だのに対して、腫れ物に触れるようにびくびくしてるいまのマスコミもどうかと思いますけど、むかしの人の遠慮のなさや言葉の暴力に対する鈍感さにも驚かされます。

戦後によくなったマナーと変わらないマナー

戦前にはよく見られたけど、いまはなくなったマナー違反もあれば、世代を超えて受け継がれているマナー違反もあります。また、戦後になってから新たに問題化したマナー違反もあります。

年寄りに席を譲らないのと並んで戦前から現代まで続くマナー違反としては、座席に足を広げて座る、足を通路に投げ出して座る行為。いまだに駅に貼ってあるマナー啓発ポスターの定番です。バカは死ななきゃ治らないといいますが、もっとおそろしいことに、バカは死んでも遺伝子によって子孫に引き継がれるのかもしれません。そのうちゲノム解析などで、マナー違反遺伝子とかいうのが発見されたりして？

こどもが靴履いたまま座席にあがる。これも戦前から議論になってますが、ちかごろはあまりうるさくいわないようになった気がします。私は注意しますけど。

むかしはよくあったけど、ちかごろはほとんど見られなくなったマナー違反の代表例は、タンを吐く行為です。いまやさすがに電車の床にタンを吐く人はいませんが、歩いてて道にツバ吐く人なら、たまに見かけます。よっぽど口の中に汚物がたまりやすい体質なんでしょうね。

車内にゴミを散らかすというのは、戦前まではそうとうひどかったらしいです。まあ、床に平気でタンを吐くくらいですからね。戦後も昭和四〇年代くらいまでたびたび問題とされますが、その後は減ってます。日本人全体の衛生観念がそのころから向上したともいえます。

戦後になってから登場したマナー違反が、ポータブルラジオの騒音。イヤホン音漏れ迷惑の元祖ですが、いまの比ではありません。昭和三〇年代には、内蔵スピーカーから音を出してラジオを聴いてる人がいたんです。とんでもないでしょ。

戦前にもあったのですが、戦後かなり問題とされたのが、駅のホームで電車を待つ行列への割り込みです。昭和三〇年代には、割り込みを注意した人が殴られるといった暴力事件も頻発していました。

こればかりでなく、朝日新聞記事を検索すると、昭和三八年ごろに車内暴力を報じる記事が急増しています。割り込みへの注意と並んで、暴力の報復を受けることが多かったのが、車内での喫煙に対する注意でした。

喫煙を注意するのは危険です

他人に注意することで暴力沙汰に巻き込まれることを恐れてるみなさんに、現実的で有益なアドバイスをしておきましょう。喫煙だけは絶対に注意しないことです。たとえば、電車内などの、禁煙とされている場所での喫煙。それと、未成年の喫煙。

タバコのマナー違反に関しては、なぜかガマンしきれずに注意してしまう人がかなり多いようです。でもそれはとても危険な行為です。新聞記事の検索結果から判断すると、喫煙を注意して暴行を受けたという事件は、けっこう頻繁に紙面に登場していることがわかります。

二〇〇〇年以降の朝日記事だけでも、ほぼ毎年コンスタントに必ず一件か二件は載ってます。なにかを注意して暴行を受けたというパターンの記事一覧を見ていくと、喫煙を注意したものが目につきます。

多い年には四件とか。なんだ、それなら少ないじゃないかと思っちゃいけません。なにしろ警察の統計では、平成二二年だけでも暴行・傷害事件は五万件以上起きてますから、新聞に載るのはごくごく一部でしかありません。そのなかで年に四件あったら、実数は数十倍になったとしてもおかしくありません。

まあ、仮にですよ、ホントに年四件しかなかったとしても、喫煙を注意されると暴れだすスモーカーが存在する事実は否定できません。

私は自分ではタバコを吸わないのですが、コーヒー一杯飲むくらいの短時間なら、分煙カフェの喫煙席で、紫煙が漂うなかでも平気ですごせます。だからスモーカーにはわりと好意的なのですが、今回の調査でひとつ残念な事実が判明しました。タバコを吸うとリラックスする、気分が落ち着く、というのはウソだったんです。

スモーカーは、タバコを吸わないとイライラする、とよくいうんですけど、禁煙でイライラしてたせいで暴力行為にまでおよんだ例は見当たりません。逆に、タバコを吸ってるさなかに注意され、逆ギレして相手を殴ったり刃物で刺したりして重症を負わせた例なら、枚挙にいとまがありません。

二〇〇九年にカリフォルニア大学の研究者が、ニコチンには脳内の怒りを静める作用があるとする研究結果を発表しました。こういういかにも結論ありきな研究を目にすると、性格の悪い私なんかは、タバコ業界のマネーが研究費としておいくらダラ一入ってたのかなぁ、なんて邪推しちゃうんですよ。

これがデタラメだというのではありません。ただし、この研究では、非喫煙者がニコチンを摂取したらどうなるかという実験しかしていないところがミソです。喫煙者との対照実験をしないのは、非常に不自然で、作為的なニオイを感じます。

日頃タバコを吸っていて、脳やカラダがニコチンに慣れてしまってる人で実験したら、おそらく、少量のニコチン摂取くらいでは鎮静作用はないって結果が出るだろうなという予想は、科学者ならずとも容易に頭に浮かびます。だからこの研究者は、あえて喫煙者での実験をしなかったんじゃないですか。

電車内は明治時代から禁煙

昨今、どこもかしこも禁煙になってきた傾向に対し、スモーカーは反発します。「酒飲んで暴れたりするヤツはいっぱいいるけど、タバコ吸って悪いことするヤツはいないじゃないか。禁煙ファシズムだ！」

それはまちがいです。過去の報道記事によって、実際にはタバコ吸いながら暴れてるヤツは、けっこうたくさんいたことがわかります。

報道された過去の事例で目立って多いのが、電車内での喫煙を注意した人が、逆ギレされて暴行を受けたという事件。

意外に思うかもしれませんけど、長距離列車はべつとして、都市部の電車では、明治時代からすでに車内禁煙とされていたのです。つまりマナーうんぬんのレベルでなく、電車での喫煙はむかしから、運行規則に違反する行為だったのです。

明治三七年二月一九日の時事新報には、東京市街鉄道と東京鉄道会社は車内での喫煙と、タンやツバを吐くことを禁止した、とあります。この二社は路面電車の会社です。東京の路面電車は、明治後期からはっきり禁煙を宣言してました。

もちろんその後できた鉄道も、長距離列車を除いては原則禁煙とされてました。大正一四年三月一日の朝日新聞には、省線（いまのJR）内での喫煙が多くなって苦情も増えたので、「たばこ御遠慮下さい」の貼り紙を車内にしたと報じられてます。

「ご遠慮ください」の幼児性

出ました、「ご遠慮ください」。日本の到るところで目にするこの表現、大正時代からすでにあったんですね。珍しいところだと、こんなのもありました。だいぶ前に撮った写真なので、いまもこの看板を使ってるかどうかはわかりません。

こんな婉曲表現で禁止事項を伝えてる国は日本くらいのものでしょう。他にあるとしたら、おそらくアジア圏の国。欧米ではまず見られません。

この表現を奥ゆかしい、とか、遠慮深いなどと評価するかたには失礼ながら、私は

写真１

これを目にするたびに、日本人はこどもみたいだな、と思ってしまいます。

欧米だったら、公共の場やお店などで、してほしくないことがあったら、ノー○○、ドント○○、など、要するに「禁止する」「しないでくれ」とズバリ掲示します。それを見た人の反応は、はいよ、と納得して従うか、無視してやるかのいずれかです。

ところが日本のオトナたちは、欧米風に「○○禁止」と書かれてるのを目にすると、ご機嫌を損ねてしまうのです。「何様のつもりだ！」「俺様に命令するつもりか！」「それが他人にものを頼む態度か！」と、掲示の表現に少しでも命令するニュアンスが混じっていると、侮辱されたと腹を立てるんです。

ご遠慮ください、にすれば、いちおう形式上は、それを見た人が自発的に遠慮して行為をやめたことになります。命令されてやめるのでなく、あくまで自発的にやめました、という体《てい》を貫くことが大事なんです。あくまで、相手の自主性を尊重するのが、日本流のお願いなのです。

ああ、めんどくさい。「ダメッ！」と叱ると泣き出す幼児に、「いい子だからやめようねぇ」とやさしく諭すのと同じです。日本人はオトナになっても、そうされたいんです。ボクね、命令されてやめたんじゃないの。自分から自発的にやめたんだヨ！ オトナになってもそう思いたいんです。

めんどくさくても幼稚でも、それでホントに遠慮してくれればいいですよ。電車に「ちかん ご遠慮ください」と掲示しとけば、ちかんのみなさんは自発的にやめてくれるのでしょうか。玄関先に「泥棒ご遠慮ください」と貼り紙しておけば、セコムしなくても大丈夫なのでしょうか。そうだ、原発反対のデモをやってるみなさんは、原発やめろ！ 原発反対！ と命令調で叫ぶのをやめて、「原発ご遠慮ください」といってみましょう。原発再稼働を阻止できるかもしれません。

オレは遠慮しながらタバコ吸ってるんだ

　では、大正時代の電車に掲示された「たばこ御遠慮下さい」の効果や、いかに。

　その二年後、昭和二年一一月一一日の朝日新聞投書欄です。電車内には「たばこ御遠慮下さい」の掲示があるにもかかわらず、無視して吸ってる者がたくさんいる。乗客も、「どうも行儀の悪いのには驚きますな」などといってるけど、面と向かって注意する人はいないし、車掌まで傍観しているのは許せないと、投書をした女性はかなりご立腹のご様子。

　この投書には相当反響があったのか、数日後の朝日の投書欄は、車内喫煙問題一色となってます。先ほどの投書に対し、まずは電車の車掌が弁明しています。我々が毎日毎日、車内の非法をなくすために、どれだけ不愉快ないい合いをさせられているか、わかってほしい、と。つまり、注意している車掌もいるのだが、あまりに不道徳な者が多いから注意しきれないのだといいたいようなのです。

　べつの投書者は、うっかりタバコをふかしている者も、たいていは注意すればやめるだろうと思う、なぁんて、のんきな性善説をぬかします。注意すれば、というけど、実際にはだれも注意できないんです。コワいから。

それに、うっかり電車内でタバコをふかすやつなんているわけがありません。明治末から電車はずっと禁煙だったのだから、昭和二年の人間が車内禁煙ルールを知らないわけがないんです。みんなトラブルを避けて見て見ぬふりすることをわかってるから、禁煙だと知ってて吸ってる確信犯。

べつの投書者は、掲示が目の前にあってもやめないのだから、掲示することがバカげていると、こちらはペシミズム&ニヒリズムにどっぷりはまってしまってます。

戦前の日本人も、現代の日本人とまったく同じじゃないですか。やっぱり他人のマナー違反を注意するのは怖くてできなかったし、むかしはいまより道徳心や公徳心があった、なんてのもウソっぱち。この例からも明らかですね。

さらに三年後、昭和五年一一月二六日付け東京日日新聞に、後日談のような記事が載ってます。省線が車内にある「煙草御遠慮下さい」の掲示を「絶対禁煙」に改めたというんです。もともと禁煙だったことに変わりはないのですが、これまでは「御遠慮下さい」で乗客の公徳心に訴えてきた。しかし御遠慮しない連中が続出したので規則を改正したそうです。

ただし、これと同様の記事が、昭和九年一一月二四日の朝日にも見られます。同じ省線でも路線ごとに対応がまちまちだったのかもしれません。こちらの記事では、省線は昭和一〇年の元旦から御遠慮の掲示を禁煙に替えることにした、しかも違反者には一〇円の罰金を科すと報じてます。当時の一〇円といったら、いまの二万円くらいの価値がありますから、かなりの本気度がうかがえます。

こぼれ話もいくつか載ってます。御遠慮下さいの掲示があるのに吸ってるのを注意すると、「オレは遠慮しながら吸ってるんだ」などとヘリクツいうヤツがいただとか、御遠慮の掲示に併記されてた英文がヘンだった話とか。昭和三年までは御遠慮下さいの掲示の下に、カインドリー・リフレイン・フロム・スモーキングと英文で書かれていたのですが、外国人から意味がわからないと指摘されたので、ノー・スモーキングに変更したそうです。カインドリー・リフレイン・フロムという構文は、日本の英語参考書には載ってたけど、ネイティブは当時すでに使わなくなってた表現みたいです。

すると今度は日本人から苦情がきました。外国人には禁煙と強くいってるのに、日本人には御遠慮ってのはおかしいじゃないかと。でまあ、今回ようやく日本語表記も「禁煙」になったと。ああもう、日本人はめんどくさい。

禁煙が広まったのは、喫煙者の自業自得

戦後になっても車内で喫煙する者は後を絶たなかったようです。それを注意して殴

られる事件も、社会面では定番としてたびたび報じられてます。

電車内での喫煙を注意して暴行を受けた事件の記事は、一九八〇年代まではわりと頻繁に見られますが、それ以降は減っていきます。おそらく九〇年代くらいから、公共の場での禁煙運動が徹底されてきたせいでしょう。

喫煙者はそれをファシズムといいますが、歴史の事実からすると、喫煙者は肩身の狭い思いをしている無垢な被害者である、という主張は、かなり無理がある詭弁だといわざるをえません。

周囲への気遣いもろくにできない喫煙者が明治以降百年近くも幅をきかせてたし、あまつさえ、注意されると暴力をふるうヤツまでたくさんいたという事実を鑑みれば、自業自得といってもいいんじゃないですか。規制されるのがむしろ遅すぎたくらいです。

マナーが悪いのは一部の人間だけだよ、というかもしれませんけど、その一部の人間だけを取り締まる効果的な方法がない以上は、全体を禁煙にするのがもっとも現実的なやりかたです。

ちなみに、喫煙を批判する理由で健康被害を持ち出すのは、ちょっとちがう気がします。もしも健康にいいタバコがあったら、車内で吸うのを許しますか？　やっぱりダメでしょ。

タバコが迷惑なのは、将来ガンになることがイヤなのではなく、いま、この場で、吸いたくもない煙を吸わされることに、ガマンがならないからです。ヘッドホンの音漏れを聞かされるのと同じ理屈です。

いくらサンマの塩焼きが大好物の人でも、電車のとなりの席の人が七輪でサンマ焼きはじめて煙が充満したら不愉快ですよね。魚を焼くのやめろ、と注意して、「魚を焼いた煙を吸ってもガンにはならないから安心して」と反論されたら、そういう問題じゃねえよ！　と怒るでしょ。

車内での化粧を許せますか

ひところ盛んに是非が議論されていた電車内マナーといえば、車内での女性の化粧です。

ところがいつのまにか、あまり話題にものぼらなくなったような気がしませんか。そういえば、議論も下火になってしまったような？　はい、その通りです。気のせいではありません。新聞・雑誌でも二〇〇九年ごろを最後に、この問題はあまり取りあげられなくなっています。新聞の投書欄に、年に一度くらい、思い出したように車内の化粧を批判する意見が載るくらい。

じゃあ、電車で化粧する女性はいなくなったのでしょうか？　いいえ、そうではありません。いまでも電車に乗ると、化粧をしてる女性を頻繁に見かけます。ずばりいってしまいましょう。この問題に関しては、批判派が負けたのです。電車での化粧は、事実上黙認されるようになってしまったんです。

そうなるんじゃないかな、とある程度予想はしてました。べつに予言者を気取るわけではありません。そう予想したのには、単純な理由があったんです。議論はあれだけかまびすしくされていたけど、車内での化粧を実際に注意したという人が、ほとんどいなかったからです。

二〇〇七年に読売新聞が行った公共マナー世論調査でも、人前で化粧するのが腹立たしいと回答したのは二二・六パーセントと、他の項目に比べてもかなり低い数値が出てました。当時その記事を読んだ私は、話題になってるわりには、そんなもんなのかなあと、予想外の少なさにくびをひねったものでした。

個人的な意見をいえば、人前での化粧は本来すべきではないことだし、電車でやってたら下品な女だなと見下《みくだ》しこそしますけど、怒るほど不愉快ではありません。ただ、自分ではさほど不愉快に感じないので、私奨励するつもりはありませんよ。

が積極的に注意したり叱ったりする気はありません。私は正義の味方でも道徳推進ボランティアでもないのですから。

レストランやカフェで食事中にとなりの席でバタバタ顔に粉はたかれたりしたら、きっと怒るでしょうけど、電車では許容範囲かな、と。

当時の批判や議論で、批判派が迷惑な理由としてあげていたものがいくつかありました。まずは、周囲に粉が飛び散る。ん？ じゃあそうおっしゃる人たちは、粉が飛び散らない化粧、たとえば口紅塗ったりまつげをカールさせたりといった化粧ならかまわないのかな。いやあ、やっぱりそれも不快なんじゃないですか？

化粧品のニオイがするからイヤ、という意見もありました。でも家で化粧してきた人でも、厚化粧で化粧品くさい人はいますから、電車内での化粧を禁じる理由としては、ちと弱い。

西洋では、人前で化粧するのは売春婦？

そして、けっこうむかしからいわれてたのが、人前で化粧するのは、西洋では売春婦が客を誘っている合図だからやめなさい、という批判理由。なかには、だから人前で化粧してると売春婦とみなされてレイプされても文句はいえない、なんて警告を発する人までいます。

この話、新聞・雑誌でも頻繁に目にしますし、マナー本に書かれていたり、マナー講師が教えることも多いので、かなり広まってます。ネットで検索すると、ブログなどでも大量に言及されてることがわかります。

でも電車内での化粧を批判する理由として、じつはこれが、一番わけがわからないんです。

そもそもこの説自体の根拠が、かなりあやしい。まずお聞きしたいのは、西洋の売春婦は本当に、客引きをするとき人前で化粧するのですか。残念ながら私は西洋のストリートで売春婦を買った経験がないもので、真相はわかりません。しかし冷静に考えると、かなり不自然です。

西洋では売春を合法とする国もありますが、野放しってわけじゃありません。売春をしてもいい地域、いわゆる赤線地帯が決められているのが普通です。そこ以外のストリートで客引きをする売春、いわゆる街娼は、違法とされてることも多いんです。もし、道端で化粧するのが客待ちの合図だなんて、だれもが知ってるわかりやすい決めごとがあったら、すぐに警察にしょっぴかれてしまいます。

もちろん欧米でも、女性が人前で化粧をすること、化粧直しをすることがマナーやエチケットに反するとされてるのは事実です。西洋のマナー本や、マナーを教えるインターネットのサイトにも、それは書いてありますけど、その理由は、見苦しいから、というだけです。売春婦にまちがわれるよ、と警告してる西洋のマナー専門家はいないんです。地元の人がいってないのに、日本のマナー本だけには書いてある。なんか、ヘンじゃない？

そういうわけで私はこの「人前での化粧は売春婦説」は、日本の若い娘たちが電車で化粧をしてることに腹を立てた日本人のだれかが、それをいさめるために捏造した方便だろうと疑ってます。これについては、あとで詳しく検証するとして、まずは、人前での化粧をめぐる歴史についてまとめておきます。

電車の化粧はこうして容認された

車内の化粧について触れている新聞・雑誌・書籍に目を通したところ、この問題が盛んに議論されるようになったのは二〇〇〇年ごろからだとわかりました。ですが一誌だけ、先走って批判してたのがありました。『週刊大衆』一九九四年七月一一日号です。

この問題に先鞭をつけたのが『週刊大衆』だったってのがまた、微妙なところです。

下半身のゆるい女子アナランキングだとか、女性芸能人のヤリマン伝説だとか、新入社員ＯＬのいまどきＳＥＸ事情だとか、基本的にエロ目線でしか女性を見てない『週刊大衆』がですよ、なぜ急に、車内でのＯＬの化粧は許せない！　と、そこだけ淑女の道を説くかのようなことをいい出したのか。解せません。もしかしたら車内での化粧にひそかに興奮してるフェチ読者もいるかもしれないのに。

袋とじのヌードとか風俗情報など、毎号、男心をくすぐる企画が満載の『週刊大衆』の読者層は、ほぼ男性限定でしょう。車内で化粧するＯＬが読むことは絶対にありません。ということは、いくら誌面で怒りをぶちまけたところで、彼女たちにはなにも伝わらないのは明らかです。

雑誌記事にひととおり目を通して、確認できました。これだけ多くの雑誌でたくさんの人が強気な怒りの声をあげておきながら、実際に面と向かって車内の化粧に注意や抗議をしたという例は、皆無だったのです。

心理学者の岸田秀さんは痴漢と化粧女はどちらも自閉的行動と分析してまして、あんまり説得力がないのですが……ま、説の当否はべつとして、実際に注意したり化粧女と会話を交わした様子はありません。

作家の城山三郎さんは、電車で、「失礼します」といってとなりに座った女性が化粧をしてパンを食べたことをコラムに書いてます。あの「失礼します」は、失礼な行為をするぞという予告のあいさつだったのだろうか、とウイットをきかせて批判しているものの、その行為をたしなめたり注意したりはしてません。

江本孟紀、桂米助、やくみつるの三氏は鼎談で、電車でマナーの悪い女に対して怒りをぶちまけてますが、いかにも押しの強そうなこのお三人でさえ、面と向かってお怒りにはなってない。

書籍も何冊か見ました。ベストセラーになった『女性の品格』にも、電車のなかのお化粧はやめましょう、と他人事みたいに書いてあります。もちろん著者の坂東眞理子さんがそれをじかに注意している様子はうかがえません。

やめましょうと本に書くだけで、みんなやめてくれるなら、マナー違反はとっくにこの世から消え去っているはずです。そもそも、電車内や人前で化粧しても平気な女たちは、コスメやファッションの情報が載ってる雑誌しか読みません。『女性の品格』なんて本は、彼女らにとっては月の裏側にあるクレーターと同じくらい遠い存在なんです。

本を読まない彼女たちを改心させるには、品格本の著者や共感した読者が彼女たちとじかにコミュニケーションをとるしかないんです。

他人とのコミュニケーションを伴わない道徳なんて、無力な砂上の楼閣でしかありません。

私が目を通したもののなかで唯一、実際に注意した経験を記していたのは、中島義道さんの『怒る技術』だけでした。車内で化粧するのはやめなさい！　と大声で注意すると、一瞬、車内に緊張が走るものの、注意された女性がシカトすると、周囲は、なんだ、なにも起こらないのかと緊張が解けて元通りになったと、そのときの模様を中島さんは書き記してます。

この周囲の反応、他人に注意したことのある人間なら、とてもよくわかります。中島さんはけっこうしつこく深追いするタイプの人なんですが、このときは車内に緊張を走らせたことだけで満足したようです。

相手に直接いわなければ、なにも伝わらない。これは自明の論理です。それどころか、黙ってるのは容認したことになるんです。相手に理解を示したことになるんです。心の中で憤慨したって、呪いをかけたってムダ。その場でなにもいわなければ、あなたの負けです。

現に、電車で化粧の問題は、二〇〇九年ごろを最後に、ほとんど見られなくなってしまいました。活字の上で怒るばかりで、実際に面と向かって注意しようとする人たちがまったくあらわれなかった結果、車内や人前での化粧は事実上、容認されてしまったのです。私がいちばん驚いた報告例は、電車内で女子高生がカミソリですね毛を剃っていたというものです（朝日新聞二〇一一・二・二七の投書）。いやはや、ついにそこまで来ましたか。

でも、それを怒る資格はみなさんにはないんですよ。それもこれも、面と向かって注意しなかった、他人とコミュニケーションを取ろうと努力しなかったみなさんの怠慢が招いた結果なんですから。車内化粧論争は、批判派の無気力相撲によって千秋楽を迎えました。これが、品格や道徳ブームの末路です。

人前で化粧をしていた大正女性

車内での化粧が話題となっていた二〇〇〇年代には、心理学者が記事やコラムで、あれは自閉的行動だとか、他人の視線が気にならない視線平気症が増えた結果だとか、盛んに分析してました。

近年テレビで心理学者と並んでもてはやされるのが脳科学者。心理学者も脳科学者も、社会現象が起きた理由を明快に説明してくれるので、テレビにとっては便利この上ない存在です。ただし、彼らの説明は明快ではあるけれど、まだ検証されてない独自説であることも多いので、鵜呑みにするのは危険です。

ちかごろ人前で化粧する人間が増えたのは、脳の前頭連合野に異常のある若者が増えたからだ、とかなんとかもっともらしい分析をした脳科学者もいます。

ちかごろ？　過去の事実がどうだったか調べもせずに、ちかごろの傾向と決めつけてらっしゃるようですが、それは科学的な態度とはいえません。

社会学者の田中大介さんは、鉄道マナーの歴史についての小論「車内空間の身体技法」で、芝雷山人《しらいさんじん》の『電車百馬鹿』なる本の存在を紹介しています。

さっそく大正五年発行の『電車百馬鹿』を読んでみました。現代風にいえば、電車や駅でのマナー違反あるある本。あるあるネタを百個あげて、それぞれに短いコメントをつけてます。百個もあるのか疑問でしたけど、利用客のみならず、車掌や運転手のダメな仕事ぶりもやり玉にあげて馬鹿の仲間入りをさせてますので、全部合わせて百馬鹿を達成しています。

「腰掛台に据《すわ》りこんで弁当をつかう馬鹿」。車内で食事をしています。「太ももをあらわしている馬鹿」股を広げて座る女性です。「従業員相手に抗議する馬鹿」。ここでの〝抗議〟には、〝あたりちらす〟とルビがふってあります。電車が遅れたりすると、駅員に詰め寄って文句いうヤツ。駅員にあたりちらしたって電車が動くわけでもないのに。「子供を掛けさぬとてぶつぶつ小言いう馬鹿」「子供に広く座席を与えて少しも譲らぬ馬鹿」。これなんて、モンスター・ペアレントです。「人の前で鼻くそをほじくり出して弾き散らす馬鹿」は、さすがにいまでは目撃するのが困難ですが、それ以外の馬鹿は、いまでも電車に乗ると普通に見られるものばかりです。馬鹿は時代を越える。

このなかに、「群衆中で化粧している馬鹿」というのも、しっかりと記されてます。ほらね、やっぱりむかしにも、そういう人はいたんですよ。

同時期、大正四年六月六日の読売新聞では、イラスト付きのコラムで皮肉をこめて、人前で化粧直しをする女性が増えたさまをレポートしています。

　群衆の前をも御構えなしに懐中鏡《ふところかがみ》を取出して見栄をされる風習は、これまで京大阪の婦人に限られていましたが、近頃東京の婦人間にも非常な流行を見るようになりました。これは厚化粧に伴う必然の産物で、破壊的盛装の美人によく見る現象です。

この筆者がおおげさに話を盛って「非常な流行」と書いてたとしても、それを差し引けば普通の流行になるわけで、そこそこ見られた現象だったと考えていいでしょう。大正時代からすでに、人前や電車の中で化粧をする女は存在していました。そして、それを見苦しい馬鹿と感じていた人もまた、いたのです。そしてもちろん、だれも面と向かって注意した人がいそうにないのも、現代と同じです。

私が唱えている庶民史の法則、〝いまだれかがやってることは、必ず過去にもやってたヤツがいる〞が裏づけられました。どんなに時代が変わっても、人間はアホなまま。人間の考えそうなことも一緒。だから、おんなじようなことをやらかします。

九〇年代までは気にしなかった

昭和になりますと、人前での化粧に言及した新聞記事がとても少なくなります。大正時代に存在した現象が昭和にはなくなって、平成の世に復活したのでしょうか？まったくなかったわけじゃないんです。たとえば戦前の記事、朝日の昭和一〇年六月一八日の婦人面には、「夏の身だしなみ　若き女性に警告する」という見出しで美容の専門家の談が載っています。

暑い夏がやって来ました、何はさておき婦人は均しく化粧崩れで困るようになります。電車の中や汽車その他人混みの場所で、ところ構わずコンパクトを出してはパタパタ顔をはたき、果ては衆目を浴びつつ口紅までも御念入りに塗っている人達をよく見受けます。

……略……

がしかし人前もはばからずあのようにお化粧しているのは余り感心致しません……人の見ない場所でお化粧して、そしてコテコテやっていないように見せてこそ、始めて婦人の身だしなみとなるのではないかと思います。

戦前の昭和でも、大正時代の傾向はそのまま続いていたようです。

戦後の新聞・雑誌では、めったに取りあげられることはありませんが。一九六四年(昭和三九)の読売新聞婦人面にこんな記事がありました。

人前では化粧すべきではない、という原則があります。ですから、あえてそれを破りなさい、などとは申しあげませんが、エチケットとは、もともと自由なもの。小さなコンパクトと口紅の手ぎわよい動き、わるびれないやさしい身のこなしは、それ自体、思わず人を魅了する、こころよいながめである場合さえあることを申しそえておきましょう。

原則論として否定しつつも、人前での化粧に対し、いまよりずいぶん寛容な様子がうかがえます。現在のように、女性のマナー違反の代表例として叩かれてた様子は、当時の記事からは読みとれません。

それから二〇年以上の間が空きまして、一九八八（昭和六三）年九月、マンガ家のサトウサンペイさんが雑誌『ＭＩＮＥ』のコラムで、電車の中で前に座っていたＯＬが口紅塗りとお化粧のフルコースを公開してた、と書いています。表面上は冷静なレポートに徹してるようですが、サトウさんがその女性を批判的な目で見てるのは明らかです。

このコラムの注目点はべつにあります。人前での化粧は外国では売春婦と思われるらしいよ、みたいな例のウワサが書いてあります。ただし、海外旅行にかなりお出かけのはずのサトウさんも、自分の見聞でなく、ウワサを伝えただけだというところに注意しましょう。

マスコミがこぞって話題にするのは九〇年代後半からですが、八〇年代後半には、電車や人前で化粧する女は一定数すでに存在していたのです。

ではなぜ戦後から一九九〇年代後半までは、あまり話題にのぼらなかったのでしょうか。電車で化粧する女性の数が、いまより少なかったせい？　たぶんそれもあります。ただ、もうひとついえるのは、それを目撃してたはずの世間の人達も、あまり気にしていなかったようなのです。

読売のマナー世論調査は、九八年、〇二年、〇七年の三回実施されてます。電車での化粧問題をマスコミがようやく取りあげはじめたばかりだった九八年の調査では、人前で化粧する行為をとくに腹立たしいと回答したのは、たったの八・二パーセントにすぎませんでした。

ところがまさにマスコミで話題沸騰だった二〇〇二年の調査では、二二・二パーセントにまで跳ね上がってます（二〇〇七年は二二・六パーセント）。

これは必ずしも、九八年から〇二年の四年間に、人前で化粧する女が急激に増えたことを意味しません。むしろ変化したのは人々の意識のほうでしょう。マスコミがこの問題を大々的に取りあげるまでは、日本人のほとんどは、人前で化粧してる女性の姿が視界に入っても、無頓着だったのです。

それが二〇〇〇年前後から、マスコミが電車での化粧はマナー違反だ、見苦しい、と繰り返し報じてキャンペーンを張ったことで、認知度が上がったんです。それまで関心のなかった人まで、あ、あれってやっぱりマナー違反だったのか、と知るところとなり、調査の数字にもあらわれたと考えられます。

作り話を語る人々

もうひとつ残された問題がありました。「電車で化粧をするのは日本の女性くらいで、西洋では見られない。なぜならそれは売春婦の客引きサインだから」という説の真偽です。

この説を唱える人は、それを裏打ちするかのような、まことしやかなエピソードを添えることも多いので、すっかり信じてしまう人もいるんです。

あるマナー本では、著者がこう語ってます。先日、若い女性からこんな話を聞きました。海外のホテルのロビーで化粧をしていたら、知らない男にしつこくつきまとわれて困ったそうです。じつは海外では、人前で化粧するのは売春婦が客引きをするサインとされているのです……。

いかにも、なエピソードなのですが、私はこれ、事実ではないと思ってます。もしホテルのロビーで売春婦が客引きをしていたり、客ともめてたりしたら、ホテルはすぐさまそいつらを叩き出して、出入り禁止にするはずです。ロビーに売春婦がいるなんてウワサが立ったら、ホテルの評判に関わる大問題ですよ。いえ、ヘタしたら違法行為に荷担したとして、警察の捜査が入るかもしれません。まともなホテルなら、それを放置するわけがないんです。それともこの若い女性は、よっぽど場末の、娼婦やジャンキーが集まる薄汚い安ホテルにお泊まりだったのでしょうか？

もうひとつの例。二〇〇六年、朝日新聞に載った投書です。投稿者は六〇代の大学教授。エピソードをふたつあげています。ひとつは、数年前、日本に来たばかりのドイツ人の友人とハイキングに行ったときのこと。早朝の駅のベンチで化粧してる日本人女性を見たドイツ人が、「彼女は売春婦ですか？」と投稿者に聞いてきたというんです。

私はこれを読んだとき、大変、驚きました。大学教授ともあろう人が、よくもぬけぬけとこんな作り話を投稿できるものだ！

だって、逆の立場になったことを想像してみてください。あなたがドイツの友人に招かれてドイツに行き、人前で化粧をしてるドイツ人女性を見かけたとして、「彼女は売春婦ですか？」などと、友人に聞けますか？　私なら、聞けません。たとえ思ったとしても、絶対そんな言葉は口にしません。なぜならそれは、友人の同国人女性を侮辱する行為だからです。それこそが許されないマナー違反です。もしもその化粧してる女性が、友人の娘や親戚、友人だったらどうするつもりですか。最悪、絶交されることも覚悟すべきです。

知人であろうと他人であろうと、女性を売春婦呼ばわりするなんてことは、最低の行為です。そんな民族差別的、女性蔑視的発言を、まともな常識を持った西洋人なら、するわけがありません。もしも投書のエピソードが事実なら、そのドイツ人はとんでもないゲス野郎です。投稿者は日本女性のマナー違反を批判する前に、ご自分がつきあう友人を選んだほうがよろしい。

さらにこの投稿には続きがあります。ドイツ人とハイキングに行った数か月後、投稿者は山手線のホームで勤め帰りの女性と外国人男性がもめているのを目撃したといいます。男は片手に札束を持ってハウマッチと詰め寄っていた。おびえる女性の手には、コンパクトが握られていた、というエピソード。

できすぎた話で、いささか鼻につきます。これも九九パーセント、作り話ですね。その外国人は、日本では売春が違法であることを知らなかったのでしょうか。いえ、衆人環視の駅のホームで女を買うことは、どこの国でも違法です。逮捕してくれと志願してるのも同然です。その危険を承知の上で女を買おうとしたのなら、やはり、とんでもないゲス野郎です。

しかも、なぜこの投稿者は、女性がコンパクトを持ってるのがわかるくらいに近くにいたのに、この女性を助けるか、駅員に通報するかしなかったのでしょうか。人前で化粧なんかするからそんな目に遭うのだ、いい気味だ、とニヤニヤ眺めていたとでも？　でしたらこの人も、日本人としての誇りを捨てたゲス野郎です。

私を含めたほとんどの人が、こんな場面に遭遇した経験は一度もないというのに、この人は短期間に二度も遭遇したと主張します。そんな都合のいい偶然ってあるでしょうか。

さらにこの投稿者は、外国人の友人はみな、海外に行って人前で化粧したらレイプされたってしかたないよ、と同様の意見をいった、と締めくくっているのです。

人前で化粧すると売春婦なのか、外国人に聞いてみよう

ほう、そこまで断定的にいうのなら、実際に外国人がなんといってるか、確かめてみようではありませんか。

こういうときこそ、世界の声がすぐ聞けるインターネットは便利です。グーグルで"applying makeup in public"と検索してみてください。英語での検索なので、ひっかかるのも英米のサイトだけですが、それでも、とてつもない件数がヒットします。他の言語でも検索したら、何倍にも増えるはず。

イギリスで調査したところ、およそ三分の二の女性が、通勤電車の中で化粧をすると回答した、とあります（http://www.dailymail.co.uk/femail/article-2108147/Two-thirds-British-women-apply-make-morning-commute.html）。イギリス女性の三分の二は、レイプの危険もかえりみず、通勤中に化粧をしているのでしょうか。

ただしこの調査は、調査方法などの詳細が明らかにされておらず、かなり怪しいです。忙しい貴女にこれがおすすめ、なんて化粧品の広告とタイアップしてますし。三分の二の女性が日常的に電車で化粧をしているとは、さすがに信じがたい。化粧したことがある、くらいの回答だろうと考えられます。

こちらのアメリカの調査には実数が明記されてます（http://www.temptalia.com/do-you-apply-makeup-in-public）。あなたは人前で化粧をしますか？という質問に三八一〇の回答があって、その結果は、

化粧直しくらいなら、たまにする　五九％
したことない　二九％
してる　一一％

うん、こちらのほうが実態に近いのではないかという気がします。

さまざまな検索結果から容易にわかるのは、海外でも電車内や人前で化粧する女性はけっこう存在するという事実です。あれは日本だけの現象であって、海外では見たことない、とする日本人の説は、早くも崩れ去りました。

海外でも、人前での化粧はマナー違反だと憤る人と、いいじゃないかとする容認派の議論は、かなり盛んに行われています。

このコラムなんか、けっこうおもしろい（http://www.the-beheld.com/2011/06/applying-makeup-in-public-preserving.html）。ニューヨーク在住の女性（コラムの筆者）が、友人の女性と地下鉄内のマナー違反について話してるところからはじまります。ケータイ使用、脚を投げ出して座る、なんてのは日本と同じです。本を読んでると、なに読んでるの？　と聞いてくるウザいヤツがいるってのは、日本ではあまりないですかね。

そして筆者は満を持して、彼女のなかでの許せないマナー違反ナンバーワン、電車の中で化粧する女をこきおろします。パウダーはたいて化粧直しするくらいならともかく、フルに化粧をする女は許せない！　と怒るのですが、それを聞いた友人は真顔になります。アタシもしてるんだけど？

筆者は愕然としながらも、友人に反論を試みます。

「化粧品の粉が散らばるから、吸いこんだら不衛生でしょ」

「あんた、パウダーはたくくらいなら許すっていったじゃん」

「マスカラ塗ってて目を突っついたりしたら危ないし」

「自分で自分の目を突くなら自業自得。あんたの目を突くわけじゃない」

そしてコメント欄では、読者を巻き込んで批判派・容認派の間でさまざまな議論が交わされます。

議論をまとめると、批判派が多数で、容認派は少ないです。容認派の主張の代表例は、忙しい朝には電車に乗ってる時間は貴重だから有意義に使うべき。電車に乗り合わせた人は自分とは無関係の他人だから、すっぴんや化粧途中のヘンな顔を見られても平気だ。職場の人にすっぴんを見せるわけにはいかない、というもの。

それに対し批判派の反論は、電車に乗り合わせた他人だって、自分と無関係ではない、見苦しい化粧姿を見せるのはマナー違反だと、いたって常識的な意見。まあ海外でも常識派が主流だとわかって、ちょっと安心しました。

不思議なのは、こんなに大勢で議論してるのに、人前での化粧は売春婦の客引きだから、という意見はひとつもないことです。（なお途中、娼婦という単語が一度出てきますけど、これはコラムに使われた古い絵画についてのコメントなので、念のため。）

そしてついに、都市伝説の尻尾をつかむときがやってきました（http://www.lonelyplanet.com/thorntree/thorntree/thread.jspa?threadID=1972125）。

ロンリープラネットという、旅行ガイドブックなどを発行している会社のサイト内の質問掲示板で、カナダ在住の人がこんな質問をしています。

「ヨーロッパでは地域によっては、人前で化粧をすると売春婦とまちがわれるのですか？」

機械翻訳に頼ってネットの英文サイトを読んでるかたは、これを読む際には注意してください。皮肉がこもったコメントばかりが並ぶので、言葉の表面だけをすくい取ると、誤読するおそれがあります。

といいますのは、ネットではありがちですが、この質問を、ヨーロッパ人への侮辱・挑発ととらえた人たちがいて、彼らは皮肉を交えた攻撃的な調子で質問者を責め立ててるんです。

フランス人のコメント「私はヨーロッパ各地で、人前で化粧する女をたくさん見てきたが、彼女たちを売春婦と思うなんてありえない。いかにもという服装で、街角や赤線地帯に立っていることが、客引きのサインだろう。きみの質問はトップテン級のバカげた質問だ」

それに対して質問者はこう弁解します。「私はカナダに住んでますが、多くの日本人が、人前で化粧するのは売春婦だという説を信じていると聞いたので、本当なのかなあと思ったんです」

なんと！　この都市伝説の発信源は、やはり日本人だったのです。外国人がだれも知らないウソ常識を、日本人が広めていたとは。するとべつの回答者が「多くの日本人は、オランダ人は風車が立ち並ぶ中を木靴を履いて歩き、チューリップ畑で大麻を吸ってると思ってる」とステレオタイプを皮肉ります。

ベルギー人のコメント「ブリュッセルに来れば、きみのいう売春婦とやらを毎朝たくさん見られるよ。ここでは通勤時間の渋滞のなか、クルマの運転をしながら化粧をしてコーヒーまで飲んでる女がいっぱいいるんだ」

欧米では、電車内の化粧と並んで、クルマで通勤する女性が運転中に（渋滞や信号待ちで）化粧をしてる例がかなり報告されてます。しかし電車で通勤している都市部の住民はご存じないようで、先ほど紹介したニューヨーク在住コラムニストの女性も、コメントでこの事実を知らされると、悲鳴をあげてました。

べつのコメント「きみの質問は、ヨーロッパの人がカナダの人に、トロントの街ではしょっちゅうシロクマに襲われる人がいるってホントかい？ と聞くのと同じくらいバカげてる」

あんまり叩かれて質問者がへこみ出します。あんたらやりすぎだ、質問者はただ聞いただけじゃないか、と諌める声も出たところで、みんなさすがに皮肉をやめて取りなします。べつにきみを個人的に攻撃してるわけじゃない、馬鹿な質問に呆れたんでちょっと悪ノリしただけだ。ただ、その質問への答は、ノーだ。

オーストラリア人のコメント「人前で化粧したら売春婦にまちがわれたなんて話は聞いたこともないけど、むかし、古い映画の中で売春婦が街角で化粧してるシーンを見た記憶がある」。ウワサを広めた日本人も、その映画を見てたのでしょうか。

人前で化粧するのは売春婦説は、日本だけの都市伝説

さてさて。朝日新聞に投書した大学教授の言によれば、外国人は口を揃えて、人前で化粧したらレイプされてもしかたないというはずでしたよね？ ところがネットの生の声を拾ってみると、事実は真逆でした。だれひとりとして、そんなことはいって

ませんし、その説は日本人だけが信じてる誤解だと、完膚なきまでに暴露されてるではありませんか。ぜひとも、教授の反論をうかがいたいものです。

ということは、その説を裏づけるかのようなまことしやかなエピソードも、疑わねばなりません。

あらためてその手のエピソードを確認してみてください。ともだちが、知りあいが、友人の友人が、などとディテールをあいまいにした伝聞の話ばかりです。自分がじかに目撃したと主張する例は、朝日の投書くらいです。さらに、自分がそういう目に遭ったという女性本人の体験談となると、私は見つけることができませんでした。これすべて、典型的な都市伝説パターンにピタリと合致します。

以上の調査から導かれる結論。日本人女性が人前で化粧したことで、ホテルや駅で男に絡まれたというエピソードは、すべて捏造、作り話である可能性が濃厚です。

おそらくこの「人前で化粧するのは売春婦」説のはじまりは、若い女性が電車で化粧することに憤慨した人たちによる方便だったのでしょう。こどもが夏におなかを出したまま寝て寝冷えしないよう、ヘソ出してるとカミナリ様に取られるよ、と脅すのと一緒です。そうやって脅すことで、人前での化粧をやめさせることができるんじゃないかと考えたのでしょうね。実際にはなんの効果もなかったですけど。

その方便が一人歩きをはじめ、尾ひれがついて、レイプされるだの、つきまとわれるだのといったエピソードがつけ加えられて、都市伝説化したものと考えられます。

正しい事実をまとめておきましょう。

・人前や電車で化粧をする女は日本だけでなく、世界中にいる。
・海外でも大多数の人は、それをマナー違反だとみなしている。
・ただし、その理由は見苦しいから、という常識的なものであり、
・西洋では人前で化粧をするのは売春婦の客引きサインというのは、日本だけで通用する都市伝説にすぎない。
・西洋人のなかには、その都市伝説を聞くと、同国人を侮辱された、挑発を受けたと感じる人もいる。

つまり、日本の若い女性が海外に行って人前で化粧をすると、まずまちがいなく軽蔑されます。しかし、売春婦だとまちがわれたりレイプされることはありません。尻軽女と思われたくなかったら、人前での化粧でなく、派手で露出の多い服装をつつし

むべきでしょう。

むしろ危険なのは、日本の中高年やマナー講師のみなさんです。ヨーロッパに行って、「人前で化粧するのは売春婦」などというデタラメを得意げに口にすると、ヨーロッパの人たちは侮辱か挑発とみなすおそれがあります。袋だたきにされたり、レイプされたりしても知りませんよ。

電車内化粧が増えた原因は、すべて仮説

昭和のころに比べて、電車内での化粧が増えたと仮定するなら、ひとつ、それを説明できるかもしれない仮説を提示しましょう。昭和の高度成長期は通勤時間帯の電車が異常に混んでいたので、物理的に車内で化粧などできなかったのが、経済成長の鈍化や労働人口減などの理由によって混雑が緩和され、化粧ができる環境が整ったからである——。

国土交通省鉄道局は、都市部の鉄道混雑率の推移データを公表しています。そのグラフを見ますと、一九七〇年代後半から低下し続けてきた混雑率は、二〇〇三年ごろに底を打ち、以後は横ばいになってます。つまり混雑が緩和されるにつれて、車内での化粧を試みる人がじょじょに増えてきて、九〇年代後半ごろにはかなり目立つくら

いになったのではないか。まあ仮説ですけどね。

でも仮説はダメというのなら、人前で化粧できるのは視線平気症が原因だとする説も、一部の心理学者が唱えてるだけの仮説にすぎません。だれもそれを証明する実験などはしていないのですから。

最近の若者の前頭連合野がダメージを受けているからだ、とする脳科学者の意見も、正式な研究論文として発表されたものではありません。脳科学者の澤口俊之さんが、二〇〇〇年に出版した『平然と車内で化粧する脳』という著書で主張してるのですが、その本のどこを読んでも、澤口さんがそれを確認するための実験や調査をした様子はまったく見られません。

むかしの人といまの人、老人と若者の脳を比較したデータもないし、何パーセントの若者の脳にダメージがあるのか、そのデータすらないんです。

つまり化粧と脳の関連は、科学的な検証がされてない、一個人の仮説にすぎないのです。なのに、脳科学者という肩書きで本を書いたりテレビでしゃべると、一般のかたは、科学的に証明された事実だと思いこんでしまいます。

公共マナー違反と前頭葉の未発達が関係しているのなら、図書館内で平気で携帯電話を使う老人たちも、前頭連合野にダメージを受けた人たちということになります。

あれは最近なったのですか？　それとも、若いころからずっとそうだったのでしょうか。脳科学者のみなさんは、若者よりも老人の脳の異変を検査してみたらいかがですか。

庶民史の捏造に気をつけろ

心理学者や脳科学者といった理系の研究者たちは、実験室の中ではまともな研究をしているかもしれません。しかし、実験室の外で起こっている社会現象を分析しようとすると、自分の個人的体験と現在の一般的状況を比較するという非科学的な愚を犯しがちです。古代から連綿と受け継がれる「むかしはよかった症候群」に罹患してしまうんです。

ムリもないんですけどね。私だって、むかしはこうだったはず、と決めつけて考えてしまうことはあります。その危険性を知ってるからこそ、私は過去の新聞雑誌などの資料にしつこく目を通し、いちいち確認をするんです。

考古学や戦争などに関しては、歴史の捏造が盛んに問題にされますが、じつは歴史分野でもっとも捏造や思い込みに汚染されてるのは、庶民史、庶民文化史なんじゃないかと私は危惧しています。捏造に気づいてすらいない例が多いんですから。むかしはよかった、とノスタルジーで語るのでなく、むかしはどうだったか、もっと真摯に調べるべきでしょう。

電車内化粧問題に関して『週刊実話』二〇〇四年六月一七日号の記事にコメントを寄せた心理学者は、過去を冷静に振り返って分析している数少ない良心的な人です。このかたは、電車内での化粧や食事は論外だとしつつも、昭和三〇年代までは、車内でこどものおしめを替えたり、授乳する母親があたりまえにいたと指摘しています。人々のマナーに対する意識は少しずつ変化するものなのだ、と。

いま、人前で胸をはだけて赤ん坊に授乳する母親っていませんよね。もし都心の電車内でそれやられたら、周囲の人のほうが、どう反応したらいいのかわからず、どぎまぎしてしまうことでしょう。

8　犬とこどもと体罰と

ルールを守るのは基本です

卒業式で君が代を斉唱するとき、起立しなかった教員がいたことについて、大阪市の橋下徹市長（当時）が、二〇一二年三月一四日の記者会見で語った言葉。

「教育で一番重要なことはルールを守ること。自分の考え方と違っても社会のルールに従う。これを教員が子どもに教えられないでどうするのか」（朝日新聞二〇一二年三月三〇日・大阪版）

私もまったく同感です。いやあ、橋下さんとは気が合いそうですなあ。ルールを守れないような人間は、社会の中で生きていく資格がありません。日本では、明治一二年の教育令から現在の学校教育法にいたるまで一貫して、教師が体罰を用いることを禁じています。ですから、児童生徒に体罰をふるうルール違反の教師は、国歌斉唱時に起立しない教師と同様、断固として処分すべきです。おお、橋下さんと大阪維新の会のみなさんが、スタンディングオベーションで私に賛意をあらわしてくれてる様子が、まざまざと浮かびます。

ところが実際の世間の声はといいますと、体罰に関しては賛否がわかれているようです。信頼のおける世論調査は見あたらないのですが——ってのも不思議な話で、この問題を公に語ることは、日本ではタブーなのでしょうか？

これまで新聞・雑誌に掲載された体罰に関する投書などを読むかぎりでは、教師の生徒に対する体罰は「必要」「場合によっては認められる」と考えてる人が、少なくないようなのです。現役の先生がたの話では、「ウチの子は体罰オーケーです。びしびし叱ってください」なんて頼んでくる親がいるそうです。

体罰を容認している人たちは、教師の体罰がルール違反、違法であることをご存じないのでしょうか。違法と知りつつ体罰をやれと他人にそのかすのは、教唆《きようさ》という立派な犯罪です。

教育法規に詳しくない一般市民でしたら、ご存じなくても無理はないとしても、教員免許を持ってる現場の教師はひとり残らず、体罰はルール違反であることを知ってるはずなんです。知らなかったら、もぐりです。違法であることを承知の上でルールを破るのは、人間として、社会人として、もっとも恥ずべき行為なのではありませんか？

おや、現場の教師たちの心の声が聞こえてきました。「ここまでこの本を読んできて、おまえは他人やよその子に注意したり交渉したりしろという。だが、注意してもきかなかったらどうするのだ。口でいってもきかないときは、体罰で抑えなければ、学級運営などできっこない」

ほほう。おもしろいご意見ですね。その意見には、重大な疑問と欺瞞が隠されているのですが、その正体については、あとでじっくり説明しますので、ひとまず宿題として棚上げさせていただきます。

いってもきかない犬には体罰を

私とて、すべての法を杓子定規に遵守しろなどという朴念仁《ぼくねんじん》ではありません。赤信号でもクルマが来なければ横断歩道を渡ってしまいますしね。みなさんのご期待に応え、融通をきかせようじゃありませんか。教育的効果が期待されるなら、体罰も場合によっては許しましょう。

そうそう、ところで、うちの近所に、いつも吠えてばかりいるうるさい犬を飼ってる家があるんです。何度か注意したけどきかないんで、飼い主の留守を見計らって、あの犬を、おとなしくなるまで蹴飛ばしてやろうと思ってるんですよ。

かまいませんよね。だって日本の学校では、生徒が忘れ物をしただけでお尻をバットで叩いたりするような体罰を平気で行う教師がいて、なんの刑事罰も受けないどころか、指導力のある優秀な教師として定年まで勤められるそうじゃないですか。

忘れ物をしても困るのは本人だけですけど、犬のムダ吠えは近所中の人が被害を受けてるんです。忘れ物をした生徒をビシビシ叩くのが教育なら、ムダ吠えして近所迷惑をかけてる極悪な犬だって、ビシビシ教育してやらねばいけません。

あれ……どうしたんです？　ヘンな顔をしないでくださいよ。やだなあ、人間のこどもを蹴飛ばそうとしてるのではありませんよ。たかが犬じゃないですか。体罰容認派の親御さんや先生がたなら、賛成してくださるはずですよね。

え？　犬への体罰も動物愛護管理法で禁じられている？　これはまた妙なことをおっしゃる。教師のみなさんが、学校教育法で決められたルールをちょいと破って生徒に体罰を加えることを、私は認めてあげたじゃないですか。だったら、動物愛護管理法だってちょっとくらい破っても問題はないはずです。

そもそも動物愛護管理法では、犬の飼い主は近隣に迷惑をかけないように努めることとされてます。犬が吠えて近隣の人を不快にさせている時点で、その飼い主は動物愛護管理法違反なんです。立派な犯罪なんですよ。日本社会では、体罰が根強く支持されているのです。静かにするようにいってもきかない犬を教育するためには、蹴飛ばすくらいの体罰は認められて当然ですよねえ。

それとも、こどもを殴るのは教育で、犬を殴るのは虐待だとおっしゃるのですか？日本のみなさんは、暴力というものに対して、ずいぶんとねじくれた倫理観をお持ちなのですね。

イルカと犬はかわいくて、うまい？

和歌山県などで行われているイルカ漁が残酷であるとして、批判や妨害行為を繰り返してやめさせようとしている外国人がいます。日本人のなかにも、イルカ漁は残酷だからやめたほうがいいと主張してる人たちはいるんですよ。しかし、米軍基地や原発に反対する人たちほど強硬に反対はしてません。地元漁師の生活のためなら黙認するという立場なのでしょうか。

私は水族館でイルカを見ると、かわいいなと思います。南の島にバカンスに行って、現地で野生のイルカウォッチングなんてのをやってたら、きっと参加します。

その一方で、機会があればイルカ料理を食べてみたいとも思ってます。ただ、もしイルカ肉の味や食感がクジラ肉と似ているのなら、あまり好きにはなれないでしょうね。クジラ肉は何度か食べたことがありますが、評判ほどには、うまいと感じませんでした。クジラ料理が名物の店で食べたのに、ですよ。クジラの竜田揚げがうまいという人の評価には、こどものころ給食などで食べたときのノスタルジーが加算されてる気がします。

うまいかどうかの議論はともかく、私のなかでは、生きているイルカをかわいいと思う感情と、食用にしてもいいという感情は、なんら矛盾せず両立できてます。イルカ漁に反対する人たちは、漁で獲られたイルカが食肉用に解体されて血まみれになっている映像を、かわいそうだと騒ぎますけど、私にとってはマグロの解体と変わりません。

『イルカを食べちゃダメですか？』の著者、関口雄祐さんは、イルカショーをやってるクジラ博物館でイルカ肉を売ってることは、牛とふれあえる牧場でバーベキューをやってるのと同じことだといってます。

内澤旬子さんは韓国で犬肉を食べた経験を『世界屠畜紀行』で書いてますが、こどものころに犬を飼ってかわいがっていたそうで、ペットとしての犬が好きだということと犬肉を食べることになんの矛盾も感じたことはないといいます。

韓国では伝統的に犬肉を食べてきたのですが、最近は反対する人が多くなり、あまりおおっぴらに食べられなくなったそうです。『ほえる犬は噛まない』という二〇〇〇年の韓国映画では、団地の管理人が迷い犬を捕まえては食べているという設定になってますが、これはブラックコメディーです。韓国人だってさすがに愛玩犬は食べません。食べるのは食用に飼育された犬だけです。この映画がブラックコメディーとして成立してるのは、犬を食べることに抵抗のある人が韓国でも増えたからです。むかしだったらあたりまえだから喜劇になりません。

日本だって、犬を食べてました。江戸時代には、「伊勢屋、稲荷に犬の糞」といわれるくらい、江戸の町には野良犬とそのフンが多かったのですが、それは生類憐れみの令が出たあとのことなんです。それ以前は江戸の町にはほとんど野良犬はいなかったといわれます。貧しい人たちにとっては、貴重な食料だったからです。

スイスでもつい最近まで、一部地域で犬を食べる習慣があって、動物愛護団体が抗議していました。

誤解しないでいただきたいのですが、だれかがイルカや犬をただ楽しみのためやストレス発散のために撲殺、射殺してたら、私は（関口さんや内澤さんもきっと）嫌悪感を抱きますよ。牛や豚のように食用として殺すことには、まったく抵抗がないというだけです。

犬は大変危険な動物

イルカは人間にとって無害な動物なのに殺すのはひどい、という意見もあります。イルカが人を嚙むことはめったにありません。イルカが魚を食い荒らして漁業の妨げとなるからイルカを間引くことが必要だとする説についても、疑問を呈している動物学者はいます。その真偽はさておき、少なくとも漁師以外の市民にとっては、イルカはたしかに無害ないきものです。

無害な動物を殺すなというのなら、人間に危害をおよぼす動物は、殺してもいいことになりますね。

イルカよりも身近にいて、頭数も格段に多い犬について考えましょう。犬は人間にとって無害でかわいらしい、保護に値する動物なのでしょうか。

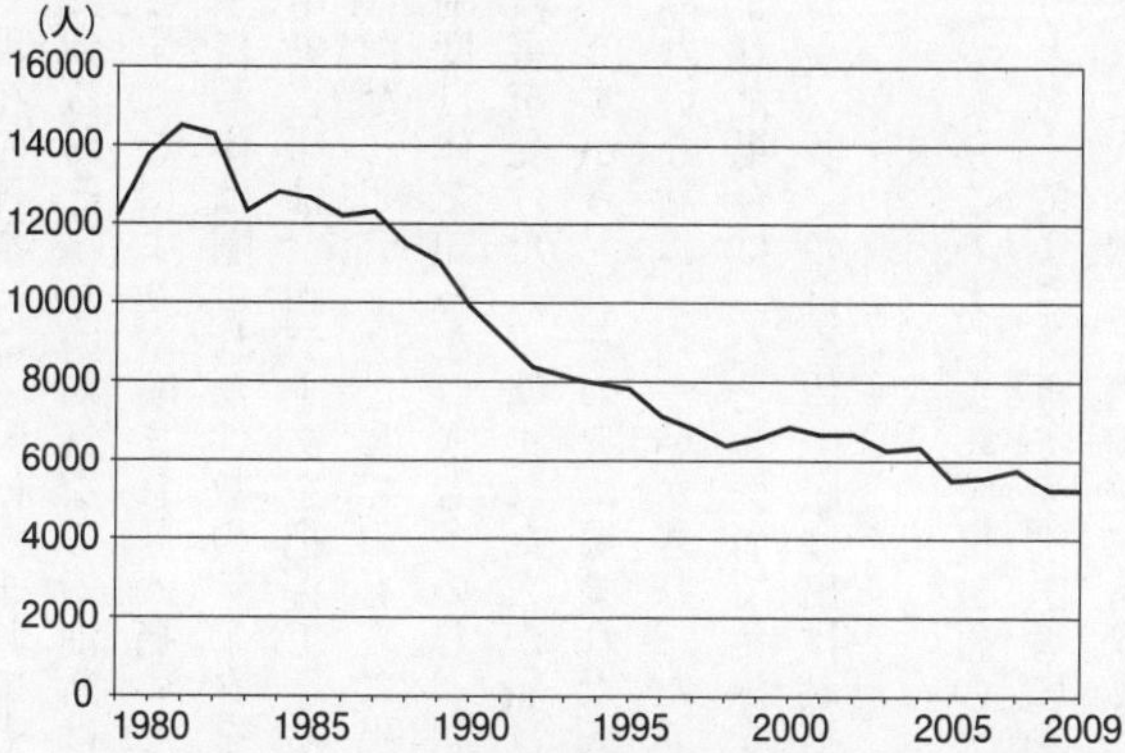

犬による咬傷の被害者数

出典：環境省自然環境局　動物の愛護管理のあり方検討会

犬は吠えて近所の人に迷惑をかけることがあります。毎日うるさく鳴き続けるあまりに、ノイローゼになったり、ストレスで体調を崩す人もいます。近所の犬の鳴き声によって精神的虐待を受けている人たちは、日本中にいるのです。

しかも、犬は人を噛むこともあります。精神的被害のみならず、直接的な暴力被害をも、もたらします。環境省がまとめた、犬による咬傷被害統計を見てみましょう。

犬に噛まれた人の数なんて、どうやってわかるんだ？　その疑問はごもっとも。犬に噛まれた場合、地域の保健所に届け出なければいけない決まりがあるんです。狂犬病や感染症の予防のためです。

現在の日本では、犬に嚙まれても狂犬病になるリスクはほとんどありませんが、死に到るおそろしい病気なので油断はできませんし、他の感染症を起こすおそれもあります。なにより、嚙まれりゃ痛いし傷跡が残ることもあります。

自治体は嚙まれた件数のデータをあまり一般に公表していませんが、環境省などの中央官庁は全国データを把握できるのです。

ただし、データとしておもてに出ている数は氷山の一角に過ぎません。この届け出制度自体を知らない人も多いし、届け出をする義務は犬の飼い主にのみあるからです。被害を受けた人、嚙まれた人が届け出るのではありません。

ですから、よその犬に嚙まれた人が医者で治療を受け、飼い主に賠償責任を問う、みたいな話にならないかぎり、たぶん飼い主は届け出をしません。自分の飼い犬に嚙まれた場合は、たとえ医者で治療を受けても、届け出はしないかもしれません。いちおう、多くの自治体で届け出は義務とされているはずですが、強制はむずかしいでしょう。

つまりこの犬による咬傷被害のデータは、かなりのケガを負った重大事例のみだろうと考えてよさそうです。医者にかかるほどでない軽傷まで含めたら、実際に犬に嚙まれた人の数はこの何倍にもなるかもしれませんが、とりあえずここでは、データにあらわれた数字のみを分析します。

一九八〇年代には、毎年一万人以上の人が犬に噛まれていたのですが、じょじょに減少しています。平成一二年から二一年までの一〇年間では、年平均被害者数は五八八〇人あまり。それでもかなり多いのですが、その一〇年間で死亡した人が四一人もいると知ったら、ただごとでは済まないことがおわかりになるでしょう。

八〇年代までは野犬の被害が一割くらいを占めていましたが、九〇年代以降は野犬が激減したこともあって、三パーセント程度です。近年の咬傷被害は、ほぼすべて飼い犬によるものと考えてよいでしょう。

被害者のうち、飼い主と家族はたった五パーセントしかいないという点には、注意が必要です。犬に噛まれた被害者のほとんどは、よその犬に噛まれている、と素直に解釈はできません。この偏った数字が示すのは、先ほど私が指摘したように、自分の飼い犬に噛まれた場合、ほとんどの人が届け出をしないのではないかという可能性です。

どんな状況で噛まれたか。平成二一年度のデータです。

通行中　　二三四一人

配達・訪問などの際　八〇九人
犬に手を出した　八〇五人

犬に手を出したってのは、噛まれたほうの不注意です。とりわけ日本人は、他人の犬に気安く触ろうとする傾向がとても強いのが気になります。スーパーの前で飼い主が買い物してるあいだ待ってる犬を、飼い主の許可もなく勝手になでたりする人がいるんです。ヨーロッパの国々では一般に、よその犬にはやたらに触らないのが礼儀です。

なんなんだろう？　犬をなでてかわいがる私は、優しいいい人でーす、とアピールしたいのでしょうか。どんな犬でもなでられれば喜ぶと思ってるなら、それは大まちがいです。飼い主と家族以外の見ず知らずの人間に触られるのを怖れ、ストレスに感じる犬も多いんです。他人に触られるとあきらかにおびえる犬もいるし、なかには、なんだおまえ、気安く触んじゃねえよ、ガブッ。てなる犬もいるんです。

ウチの子は噛みません、は安全神話

そんな被害を受ける人が、毎年五〇〇〇人以上もいる現実を、愛犬家を名乗るみなさんは、肝に銘じてください。クマに襲われる被害者はほとんどの年で一〇〇人以下ですから、イルカよりもクマよりもけた違いに危険な動物が、みなさんの身近にいることになります。飼い主の管理としつけが不可欠なことは、異論の余地がありません。現実に被害が発生している以上は、予防措置も必要となりますし、被害が起きたら飼い主に相応の責任を取らせなければいけません。

犬の散歩をするときリードをつけてない人がたまにいまして、つけるよう注意すると、ウチのは小型犬だから、だとか、ウチの子はおとなしいから嚙みません、などとたいてい、いいわけするんです。でもそんなのは安全神話にすぎないことが、事故例のデータからも明らかです。

犬の行動を研究している堀明さんによると、嚙みつき事故の多くは普段は温厚なタイプの犬によるものだとのこと。おたくの子だけを特別扱いすることはできません。飼い主には従順だからといって、他人も嚙まない保証はどこにもありません。むしろ、飼い主に忠実だから、他人に手を出されると嚙むってこともあるのです。小型犬だって本気で嚙んだらあごの力はかなりのものになります。

多くの自治体に、散歩中はリードをつけることを義務づける条例が存在します。なかには三万円の過料とか罰則を設けているところもありますが、決しておおげさではないのです。危険防止上の観点からも、そのくらいの罰則で抑止効果を狙うのは絶対必要なことなんです。

犬のくびにヒモをつなぐのはかわいそう、と考えてる人もいますけど、人と犬はちがいます。人間のこどものくびにヒモつけたら虐待ですが、犬の場合、飼い主とのあいだに信頼関係があれば、リードをつけて散歩することは、犬にとってなんの苦痛でもありません。もし犬がリードをつけるのを嫌がるのなら、それは信頼関係が成立していない証拠です。犬を飼うのにむいてない人なので、飼うのをやめたほうがいい。

犬は家族の一員ではありません

もうひとつやっかいなのが、犬の鳴き声、ムダ吠えです。近所の犬のムダ吠えのせいで、日本全国のいったい何万、何十万人が毎日毎晩、はらわた煮えくりかえしていることやら。その心中《しんちゅう》、お察しします。

さまざまな不愉快な行為や迷惑行為を注意してきた私ですが、犬の飼い主を叱るのだけは、なかなかうまくいきません。

ひとつにはゆがんだ家族愛のせい。それから、犬の飼いかたに関して自己流がまかり通っているせい。そしてもうひとつ、迷惑行為に対する自治体の罰則規定が甘すぎるせいです。

まずは歪んだ家族愛。日本では「犬は家族の一員です」などという人がいます。でもドイツやイギリスの愛犬家からはちがう言葉を聞きました。「犬は社会の一員です」。社会の一員とみなすからこそ、人間社会で他人と問題なく共生できるよう、吠えないように、噛まないように、きちんとしつけなきゃいけないという責任が生まれるのです。

犬は家族の一員ですという日本人は、犬と人間の関係を、家族という枠組みでしか見ていません。犬が社会の一員って意識がないので、極端な話、家族以外の人に迷惑をかけても平気なんです。

おたくの犬が吠えてうるさい、と苦情をいわれても、家族みんなが平気なら、真剣に対処しようとはしません。うちの家族もしあわせだし、犬もしあわせ。なのに、なんで家族でもないとなりの人の苦情に対処しなきゃいけないの？　となりの人のしあわせのために、なんでウチらが身銭切って専門家に相談しなきゃいけないの。だって大切なのは家族のしあわせだもの！　他人はガマンすればいいのよ！

他人の家の前の道にフンを置きっぱなしにしても平気なのは、そこが自分の家ではないからです。自分の家族が犬に癒されて楽しければ万事オーケー。他人の家族は犬のフンで不幸になってもかまわないんだもの！

犬の飼い主はオレ流ばかり

犬の飼いかたに関しては自己流、オレ流がまかり通っています。私は犬を飼うのも車の運転と同じように、免許制にすべきだと提案しています。犬を飼いたい人はまず教習所に通って、正しい散歩のしかたや基本のしつけかたを習った上で、筆記と実技試験に合格したものだけが犬を飼えるようにするんです。

こうすれば、しつけができる人だけが、犬を飼うようになりますから、犬に関する苦情は激減するはずです。さらに自治体のほうで犬に関する苦情を受け付けることにして、飼い主がきちんと対処する気がないとみなされたら、免許を剝奪して強制的に犬も没収する罰則規定を設ければ、犬による（正確にいうとバカな飼い主による）迷惑被害に泣く人はいなくなるでしょう。

この制度を導入すれば、生半可な覚悟で犬を飼う人はいなくなるはずです。ペットショップで子犬を見て、わーかわいい～とかいって衝動買いして、大きくなってかわいくなくなったら捨てるといった無責任なケースも未然に防げます。それが人にとっても犬にとっても、もっともしあわせな道です。

しかしなかなかこの案に賛成してくれる人はいません。現状ではどうかといいますと、犬を飼うにあたって、事前にドッグトレーナーのところに通ってしつけの仕方をきっちり学んだという実践派の人は皆無です。犬のしつけの本を何冊も読み漁って勉強したという理論派の人ですら、かなりの少数派です。ほとんどの飼い主は、本を一冊読みました。ペットショップで買うときに店員にちょこっと聞きました。なんて感じじゃないですか。

こどものとき実家で犬を飼っていたからわかってるという人も怪しい。実家の飼いかたがまちがっていた可能性を否定できません。

昭和三〇年代前半にも、戦後の生活に余裕ができて犬を飼う人が増えたせいか、犬の迷惑が社会問題化していました。『週刊朝日』のレポートでは、迷惑をかけてもしらんぷりの飼い主と犬を「特犬階級」かと皮肉ってます。

そういう家庭に育った人が、おとなになって、まちがった飼いかた、しつけかたを受け継いでしまっていることがあるんです。

私は専門家が書いた犬のしつけ本を何冊も読み漁ってみたのですが、困ったことに、専門家のいうことも、けっこうまちまちなんです。とはいえ、専門家のやりかたは、枝葉の部分では異なっても、大筋ではほぼ共通してます。

オレ流シロウトは基本からデタラメで、犬に媚びてるだけ、犬の家来になってるだけだったりします。そのくせ根拠のない自信に満ちています。犬が近所に迷惑をかけて苦情をいわれると、「犬にはそれぞれ個性があって、うちはうちの方法でしつけてますから」と勝手なことをいい、自分のやりかたを直そうとしません。

なんか、近所に迷惑をかけるバカなこどもの親と、近所迷惑なバカ犬の飼い主って、おんなじことといってる気がするんですよね。

犬は鳴かないのがあたりまえです

犬の鳴き声がうるさいと苦情をいいに行った人が、オレ流飼い主にいわれるいいわけでよくあるのが、「犬が鳴くのはあたりまえでしょ」というものです。ネットでムダ吠え問題を検索しても、この手の意見がかなり多いことに呆れます。自分にとっては愛犬のかわいい鳴き声であっても、他人にとっては騒音でしかないということが想像できないんです。脳科学者なら即座に、前頭葉に障害がある人だと診断するでしょう。

ネットでは、毎日散歩させないとストレスで吠えるという説がけっこうあるのですが、それはまちがいですね。吠える犬は、毎日散歩させても吠えてます。

そもそも、犬が鳴くのはあたりまえではありません。異常です。それは統計的にも簡単に証明できます。

ペットフード協会が二〇一一年に推計したところでは、日本全国でおよそ一一九〇万頭あまりの犬が飼われています。この犬たちがみんな鳴いてますか。吠えてますか。そんなことはありませんよね。もしそうなら日本中がめちゃくちゃな騒ぎです。

つまり、ほとんどの犬は、めったに鳴かないんです。ごく一部の犬だけが、毎日鳴きます。吠え続けます。

犬は鳴かないのが、あたりまえなんです。なかには、遺伝的に無意味に吠え続ける犬も存在するそうですが、たいていの場合、毎日鳴いていたら、飼われている環境になにか問題があると疑うべきです。

もうひとつありがちないいわけ。「カラスだって鳴いてるじゃねえか。ウチの犬に鳴くなっていうなら、カラスが鳴くのもやめさせろよ」

世の中には、頭が悪いくせに、反論だけはうまいヤツがいるものです。詭弁に丸めこまれてはいけません。犬とカラスは全然ちがうんですから。カラスはカラスの意志で飛んできて鳴いてます。犬は、飼い主が買ってきたり連れてきたりして存在し、鳴いてます。カラスは天災、犬は人災。

自然のものであるカラスを追い払ったり鳴くのをやめさせるのはとても困難です。でも野犬がほとんどいなくなった現在、犬は人が飼わなければ存在しません。だれにも迷惑をかけません。犬が鳴く責任は百パーセント飼い主にあります。

専門家に相談して原因を調べてもらい、飼い主が正しくしつければ、ほとんどの犬は成犬でも吠えなくなるそうです。子犬のうちしかしつけはできないというのは俗説です。つまり、改善する手立てがあるのに、それをやらずに放置してるのが問題なんです。

これに関しては行政も手ぬるいんです。近所の人たちが平穏に暮らす権利を守ることを考えたら、行政のほうで法律を作り、吠える犬をしつけなければ多額の罰金（ドッグトレーナーの指導料金よりも多額の）を科すようにして、強制的にしつけをさせるよう誘導するのがスジってもんです。

飼いかたやしつけかたは、自己流でもオレ流でもかまわないんですよ。どんなやりかたであれ、結果的にきちんとしつけられて他人に迷惑をかけなければ、問題ありません。でも、ムダ吠えや噛みつきで他人に害をおよぼしたなら、その結果に対する責任は取らなければいけません。それが、社会のルールを守るということです。

私は暴力が嫌いだ

さて、体罰の話だったはずなのに、長々と犬のしつけの話なんかして、いつのまにか関係なくなっちゃったじゃないか、といぶかしがってるかたもいることでしょう。でも私は犬のしつけについていろいろと調べるうちに、犬のしつけと人間のこどもの教育には共通点がかなりあるように思えてきたんです。犬のしつけがヘタな人は、こどものしつけもヘタだったりします。

なぜ日本人は犬のしつけがヘタなのか。なぜ日本の学校はこどものしつけを体罰に頼るのか。このふたつの問題も、じつは根っこの部分でつながってるのではないかと思うのです。

うるさい犬を蹴飛ばしてもいいか、なんてアブナい話をいきなりしたので、私のことを冷酷なヤツだと激怒した愛犬家もいるかもしれません。もちろんあれは倫理を問うための練習問題としてネタにしたまでです。

私は犬猫はおろか、人間のこどもにも――もちろんオトナにも、暴力をふるったことはありませんし、これからもふるうつもりはありません。暴力は気持ち悪いものであり、暴力をふるう人間は不公平で卑怯な人間だからです。これればかりは、例外はありません。

一九五七年（昭和三二）、ある中学校の体育教師が、教室でクラスの生徒に話をしていたところ、べつのクラスの生徒が廊下でふざけたり教室の窓を開けてのぞいたりしました。それは叱って当然の行為ですが、この先生、その生徒を何発も殴り、脳内出血で死亡させてしまうのです。どうひいき目に見てもやりすぎなこの事件、もちろん当時もかなり話題になり、連日のように各メディアで報道されたようです。

脳内出血で死ぬほど強く何発も殴るなんてのは、明白な殺意があったか、精神異常としか考えられません。カッとなってつい……なんてレベルではありません。

しかし、この教師をかばう声も、ありました。ある雑誌には、体育教師なんてのは粗暴なところがあっても、単純で愉快な男が多いのだ。一方的に責めるのは卑怯だ、と擁護するコラムが載ってます。

人を殴り殺すのが単純で愉快ですか？　しかもこの筆者は本人に会ったこともないのに、人間性をこんなに見抜いてしまうのだから、きっとエスパーなのでしょう。

べつの雑誌では、この教師は校庭に野良犬が迷いこんだとき、出て行かせようとして犬の脇腹を蹴とばし、苦しむ様子を笑いながら見ていたことがあったとの証言を報じています。

　真実は、いまとなってはわかりませんけど、理由はどうあれ、無抵抗な生徒を脳内出血で死ぬまで執拗に何発も殴れる人間を、私は教育者として認めません。というより人間としても認めません。同時に、それを「単純で愉快な男」と擁護できる人の神経も疑います。人間を平気で殴り殺せるような者は、犬を蹴とばして、苦しむのを笑って見ていることもできる、と考えたほうが納得がいくのは、私だけでしょうか。

暴力とその支持者たちの気持ち悪さ

　ここまで動物の例をあげてきたのは、暴力というものが内包する気持ち悪さや矛盾、異常性をわかっていただきたかったからです。かわいい動物を暴力で虐待することに怒りをあらわにするみなさんが、その一方で、かわいい動物とその飼い主が近隣住民を音の暴力で虐待していても平気でいます。さらには、犬を殴るのは残酷だと責めるのに、人間のこどもはびしびし殴ってしつけろという、ねじれた倫理。

　暴力というものは、基本的にすべて気持ち悪いものなんです。アクション映画、ドラマ、マンガ、アニメ、ゲームのなかの暴力が爽快・痛快なのは、フィクションだとわかっているからです。そして、最終的に暴力で倒されるのがワルモノと決まっているからです。

現実世界では、悪人が暴力をふるって善人を痛めつけてることのほうが、遥かに多いのです。どんなにもっともらしい理由をこじつけても、気持ち悪さをぬぐいさることはできません。

私は今回、学校での体罰事件を報じた過去の新聞・雑誌記事に、目を通しました。量が多すぎて、さすがにすべては読み切れません。古くは明治・大正の新聞でも、違法なはずの体罰が学校で行われていたことが報じられてます。

大正四年の記事。生徒が育てた農産物の品評会で、みかんをつまみ食いした生徒たちがいました。教師は彼らを夜九時まで飲まず食わずで正座させたことで、生徒たちは登校拒否に。なかの一人が親に諭され登校すると、教師は再度同じ罰を与えました。脱走したらその翌日も同じ罰。ここまでくると、さすがにその異常なまでの執着ぶりに、父兄から抗議の声が出ました。すると学校側は、これは体罰でなく懲罰なので違法ではない、と強弁したとのこと。（朝日新聞一九一五年五月一三日）

こんなのは序の口で、戦前戦後を通じて、体罰に関する記事は無数にあります。そんなものを一日中読んでたら、ヘドが出そうになりました。悪ガキをとっちめる爽快感や痛快感など微塵も感じられません。人間が人間にふるう暴力は、イルカや犬を殺すことより何百倍も醜く気持ち悪いものでしかないと、再確認させられました。

なのにわれわれはともすると、暴力に幻想を抱いてしまいがち。これは美しい暴力、これは醜い暴力、これは必要な暴力、これは規制すべき暴力、と、そのときどきの都合で仕分けしてしまいます。そういうことができるのは、みなさんが暴力や体罰の実例を知らずにイメージで語るからです。

ヘドが出そうになるのは、暴力そのものだけが理由ではありません。暴力や体罰をふるった者と、それを擁護する者たちが、事後にそれを飾り付けて美しく見せようと画策する様子にも、ヘドが出るんです。「これは愛のムチだから」「指導に熱心な先生だからどうしても手が出てしまうのは仕方ないのです」「叩いたあとにこどもを抱きしめてあげてください」。

体罰でこどもがケガをして、教師が逮捕されると、減刑嘆願書の署名運動をはじめる〝正義の人〟があらわれます。善意の署名の体裁を取ってますが、実態は、体罰反対派をあぶり出す踏み絵です。過去には、その署名を拒否した家族が、近所の〝正義の人〟たちからいやがらせを受けた例も報道されてます。

こどもはビシビシやるべきだ、という信念のもとに体罰をふるってケガをさせたり殺してしまったのなら、最後まで堂々と自分はまちがってないと主張すればいいのに、いざ殺人や傷害で裁判になると、「あれは軽くはたいただけだ」などと自己保身に走る例が少なくありません。

こどもには人権などない！　とは体罰容認派の常套句ですが、人権を批判する人ほど、ご自分の人権が傷つけられることにはとっても敏感に反応します。体罰関連の裁判では、自分に批判的な報道によって人権が著しく傷つけられた、などと自分が被害者であるかのような陳述をしたり、自分に批判的な記事を書いたジャーナリストを人権侵害で訴えたりしてる例があります。

暴力をふるう人間に共通する、こうしたご都合主義的、自己中心的な態度にも、虫酸が走ります。

何十年ぶりの同窓会で、あのとき先生に殴られて目が覚めたから、いまの私があるんです、と涙を流して恩師に感謝した、なんて美談を耳にしたことがありませんか。しかし美談には裏があるのが世の習い。なかには、理不尽な理由で先生に殴られたことをずっと恨んでいて、酒が入ると先生を殴ってしまうかもしれないから、と同窓会に出席しないと語る人もいます。一方的な美談だけを鵜呑みにせず、両者の意見を聞くことで見えてくる真実もあるのです。

暴力なしで、どうやって問題を処理すべきか

冒頭で宿題にしておいたテーマを検討していきましょう。体罰を容認する口実としてよく使われる、「口でいってきかなければ、体罰で教えるしかないだろう」。これは本当に正しいのかどうか。

本書の前半で説明しましたが、私は、よその子やよそのオトナの行動を不愉快に感じたとき、なるべくじかに注意するようにしています。しかし、私以外でそれを実践している人は非常に少ないのです。ガーディアン・エンジェルスみたいな活動をしている人たちはべつとして、個人で注意をしている人を見かけたのは、ほんの数回しかありません。皆無といってもいいくらい。

孤独な戦いをつねづね実感している私には、「口でいってきかなければ」という前半部がまず、ひっかかります。本当に先生がたは、口頭でしっかりと注意したのですか。どんな感じで？　どのくらいの回数？　おどけた調子でなく、本気の態度を示しながら注意しましたか？

そこからして、私は彼らの言葉を額面どおりに受け取れないんです。他人に注意できないどころか、自分の子や会社の部下にも注意できない日本人は多いのです。学校の先生だけが例外とは考えにくい。

もちろん、いつもがみがみ口うるさい先生もいます。その一方で、言葉でこどもを強く叱責できない先生もいるんです。戦前の新聞にも、小学生が電車の中で騒いでても引率の教師がまったく叱ろうとしなかったという例があったのは、すでにお話ししましたよね。

昭和二二年に創刊され、いまなお刊行され続けている『児童心理』という教育関係者向け雑誌にも、叱りかたについての記事は頻繁に掲載されてます。

戦後まもない昭和二三年一一月号に、東北大学の黒田正典さんが、こう書いてます。

今日の子供は意思を尊重され、親、教師は叱ることを恐れるようにみえる。……これからの大人や先生は叱りえないで子供を悪化させるであろう。あるいは叱りの代用として陰険な報復、嫉妬や皮肉や不機嫌が親、教師から子供に対して向けられるかもしれない。これは望ましくない。だから叱るべきときは叱らねばならない。

なんだか、いまの世の中を予言してたかのような文章でもあるし、いまもむかしも教育をめぐる状況はたいして変わってない証拠にも受け取れます。

『児童心理』では、単発記事の他に、叱りかた特集も組まれてます。昭和三〇年一一月号からはじまって、数年に一度の割合で特集され、臨時増刊として一冊まるごと叱りかた特集になってる号もあるくらいですから、むかしから人気と需要のある定番テーマなのでしょう。見かたを変えれば、むかしもいまも、こどもをうまく叱れず悩んでる教師は多いってことです。

そんな状況で、はたして「口でいってもきかないから」という前提が成り立っているのか。私はそこを疑ってるんです。半笑いで冗談まじりに「おいおい、やめなさ〜い」なんて一、二回いっただけだったら、注意でも叱責でもありません。そんなんで「口でいってきかせました」なんて冗談はやめてください。実際、いじめ問題が取りざたされるたびに、担任教師はいじめをちょっと注意しただけで、あとは笑って見てたなんて証言が毎度出てきます。それは「口でいった」うちに入りません。

怒鳴り散らせといってるんじゃないですよ。嫌われるのも和を乱すのも覚悟の上で、いうべきときには毅然と言葉を発し、こちらの意思を伝えようとしなければ、相手には届きません。

教育委員会や文部科学省から報酬をもらってるわけでもないシロウトの私だって、近所のこどもや他人にときおり注意しています。少しばかりの覚悟があれば、できるんです。

それなのに、プロの教師が、生徒に嫌われて学級運営が円滑に行かなくなることを恐れるのか、他に理由があるのかしらんけど、こどもを言葉で叱れないとしたら、職務怠慢です。

赤の他人を叱る場合は、叱って嫌われてそのまんま決裂ってこともありますが、教師と生徒のあいだなら、叱るだけでなくほめるチャンスも、話し合う機会も、いくらでもあるはずです。関係修復は可能でしょう。

暴力をふるうリスクもあるんです

そしてもうひとつの重大な疑問。「口でいってきかなければ、体罰で教えるしかない」の後半部分です。本当に体罰しかないの？ 口頭での叱責に失敗したときの次善の策が、なぜいきなり暴力になってしまうのですか。

もしも刑法上の刑罰が、懲役一年と死刑の二段階しかなかったら、極端すぎるでしょ。そのあいだの罰はないのかよ、ってことになります。仕事でミスをすると、まずは上司に叱られます。その上の処分が、いきなりクビだったら乱暴すぎる会社ですよ。減給とか謹慎とか降格とか転勤とか、あいだがあるのが普通です。

こどもの教育だって、口頭注意と体罰のあいだになにかがあって当然だとは思わないのですか？　いや、なくちゃ絶対おかしいんですよ。

言葉でいってもわからない悪質なヤツは体罰で従わせてもいいのなら、私は図書館で携帯電話を使ってるマナー違反のおっさんやじいさんを、すでに一〇人くらいは殴ってるはずです。もちろん実際には、手を出したことは一度もないですけどね。つねに、言葉で注意するだけです。

私だって感情のある人間ですから、注意してくだらないいいわけをされたり、暴言を吐かれたりすれば、この野郎、とカッとなることはありますよ。でも、手を出すことはありません。そこだけは、ガマンします。暴言吐いてきたじいさんを、ずっと無言でニラみ続けて黙らせたことはありますが、私の実力行使は、せいぜいその程度です。

暴力が嫌いな私だって、もしだれかにいきなり襲いかかられて逃げ場がなければ、暴力で抵抗するでしょう。私だって暴力を完全に否定はできません。念のためにいいますが、私は警察や自衛隊といった、暴力を前提とする組織の必要性は認めてます。暴力を全肯定するか全否定するかなんて、非現実的で不毛な議論にのるつもりはありません。

それにみなさん、暴力をふるわれて被害者になることばかり心配してますけど、暴力をふるう立場になる可能性だって、なくはないんですよ。通り魔事件が報道されるたびに、おちおち道も歩けやしない、と心配しますけど、あなたはそんなに完璧な善人なのですか？　私はむしろ、なにかの拍子に、カッとなった自分が加害者になることを恐れます。

暴力の被害者になるか加害者になるかは、紙一重の差じゃないかって気がします。加害者にも被害者にもなりたくないから、暴力は気持ち悪いものだという意識を忘れないようにしているんです。

きっちり叱って、きっちりほめる

それでも、暴力なしでこどもを抑えることはできない、学級を運営することなど不可能だ、体罰の代わりになるものなどあるわけない、とする意見は根強く残っています。

ふたたび話を戻しますけど、じゃあ、犬は？　そうおっしゃる先生たちは、犬を飼ったら生徒と同じように殴ってしつけるのですか？　不思議なことに、ほとんどのみなさんが、犬を殴ることはしません。

しつけかたの細かいところでは意見が分かれることもある、犬の専門家たちですが、唯一、犬を体罰でしつけることはできない、ってことだけは、全員が口を揃えます。ヨーロッパ、とくにドイツとイギリスの人たちは、犬のしつけがしっかりしていると定評があります。しつけのできてない犬を公園に連れて行くと、他の飼い主たちから、しつけができるまでここには来ないようにと、追い返されることもあるそうです。たぶん日本でそんなことしたら、反省するどころか、何様のつもりだ、この公園はテメエの土地なのかよ！　と逆ギレするアホな飼い主が続出することでしょう。

こどもだって、そうしていいんじゃないかなあ。しつけのできてないガキは、しつけができるまでここには（この店には、学校には）来るな、と他の人たちが追い返す。それってひどい仕打ちなんでしょうか。冷たいことなんでしょうか。犬にも人間にも、社会性をつけさせることを求めるのは、市民としてあたりまえの要求だと私は思うのですが。

イギリス人やドイツ人が、体罰なしで犬をどうやってしつけてるのかと思って調べてみたのですが、別段、特殊な秘訣があるわけではないようです。いいことをしたらほめ、やってはダメなことはきっちり叱り、根気よく教えこみつつ、飼い主と犬との信頼関係を築いていくという、ごくあたりまえのしつけをやるだけです。

ほら、犬とこどものしつけかたって、聞けば聞くほど同じじゃないかって思えてくるんです。なお、ドイツでは「犬の学校」と呼ばれる、犬のしつけの教習所みたいなものがあって、犬を飼い始めた飼い主が愛犬と一緒に通っているそうです。イタリア・フランス・スペインの、いわゆるラテン系民族は、イギリス・ドイツに比べると犬の扱いが甘いです。伊・仏・西を訪れたことのあるかたはご存じでしょうけど、犬の散歩をする人が、街の歩道に犬のフンを平然と置き去りにしていきます。地雷原と揶揄されることもあるくらい。そんなラテン系国民ですら、犬を甘やかすこととかわいがることの区別がつかず、お犬様扱いしてしまいがちな日本人と比べれば、意識の持ちかたは高いように思えます。

フランス人男性と結婚した、女優の寺島しのぶさんは、ダンナさんの犬との接しかたにある種のカルチャーショックをおぼえたことを、コラムに書いています。結婚するまで寺島さんは、食事も寝るのも犬と一緒だったのですが、ダンナさんはそれをやめさせ、動物と人とのテリトリーをわけてけじめをつけるようにしたそうです。最初は反抗していた犬も、きちんと叱ってきちんとほめるダンナさんを、いつしか一家のボスとして尊敬する態度を見せるようになりました。いやもう、私はダンナさんに握手を求めたい気持ちでいっぱいです。

被害者の権利がないがしろにされる日本

ヨーロッパの人たちは犬を大事にし、しつけもきっちりしていると、よくいわれます。が、それは日本と比較すればという話であって、全員が全員、理想的な飼い主だということではありません。イギリスにだってドイツにだって、自分の勝手な都合で犬を捨てる人はたくさんいます。むこうにも、しつけのできてない犬や、ダメな飼い主はいるんです。

ただし日本と決定的にちがう点があります。犬や動物の権利も大事にするけど、人間の権利を守る姿勢も強く示しているところです。

日本で近所の犬の鳴き声がうるさい場合はどうするか。飼い主にしつけをするよう苦情をいいます。再三いっても改善される気配がないとなったら、裁判に訴えて、飼い主に損害賠償か飼育禁止を命じてもらうしかありません。

ところが日本では裁判になっても、「受忍限度」という尺度で判断されてしまうのです。それはなにかというと、社会通念上、一般的な人が受容できる範囲かどうか。平たくいえば、普通の人がガマンできるかどうかです。裁判官が、それはガマンできるはずだと判定したら、鳴き声の被害を受けてる人が、ガマンしなければならないのです。

信じられません。いきなり一回ワンと鳴かれて訴訟を起こす人などいないのに。ガマンの限度を超えたから、もうガマンできなくなったから、訴えてるわけですよ。社会通念や一般的な人がどうであるかなど関係ありません。そもそも犬の飼い主がまともな社会通念を持ってるなら、吠えないようにしつけてます。

犬の鳴き声迷惑問題では、被害者側にはなんの責任もありません。なんの落ち度もないのに、なにひとつ悪いことはしてないのに、ある日突然、近所の人が個人的な楽しみや癒やしのために犬を飼い始め、しつけを怠ったためにその犬が鳴き、となり近所が精神的苦痛を受け続けるという、不条理な悲劇です。

盲導犬などはきちんとしつけがされてます。番犬として使うなら、なおさら高度に訓練された犬でなければ無意味です。他人に迷惑をかけるのはすべて愛玩犬であり、犬の迷惑問題は、加害者である飼い主が一方的に悪いのです。

それなのに日本の裁判では、管理責任を怠っている飼い主の責任は問わずに、なんの落ち度もない被害者がガマンできるかどうかが争点にされるのです。

本来なら、責任持ってしつけができない飼い主に対しては、犬を飼うのをガマンしなさいという判決を出して犬を一時的に取りあげ、飼い主が犬のしつけ教室や訓練所に通ってしつけかたを学んでから犬を返還するという措置を取るべきなんです。しかし現状では事実上、犬がうるさく鳴くのをやめさせる有効な手段はありません。人間が平穏な生活をする権利より、犬が鳴く権利のほうが尊重されてしまってるのです。

他人の権利を侵害すれば罰を科す

欧米諸国では、どうしてるのでしょうか。国ごとに対応は異なりますが、まずはペットショップで犬を売るのを禁じたり（ブリーダーから直接買う）、一六歳未満には犬は売らないなどの法律で、衝動買いを極力防ぐ入口戦略があります。そして、しつけを教える犬の学校のようなものが設置され、気軽に通えるようになってます。

それでも被害は出るものです。そういう場合も被害者にガマンや泣き寝入りを強いるようなことはありません。迷惑を引き起こす犬の飼い主に対しての罰則規定がきっちりと設けられてます。実際にある規定をいくつかあげてみましょう（罰金の額は、規定の最高額である場合と、実際に適用された額があります）。

・犬のフン回収袋を持たずに散歩すると一〇〇ユーロの罰金（イタリア）

・犬のフンを拾わないと一八三ユーロの罰金（フランス）
・夜間、犬を鳴かせたことで五〇〇ユーロの罰金（イタリア）
・とくに危険な犬種にかぎり、他人にケガを負わせたりした場合、最高で禁固刑六か月、罰金五〇〇〇ポンド（イギリス）
・公共の場で犬にリードをつけないと一万ユーロの罰金（ドイツ）
・夜間に犬が吠えると最高五二五ドルの罰金（アメリカ・ニューヨーク）
・公共の場でリードをつけないと最高一〇〇〇ドルの罰金（アメリカ・ニューヨーク）
・二回人を噛んだ犬は殺処分される（アメリカ・フロリダ）
・大型犬のみ、筆記と実技（実際に町を散歩させる）の試験に合格しないと飼えない免許制。無免許で飼うと最高一万四〇〇〇ユーロの罰金（オーストリア・ウイーン）

これらの規定のほとんどは、自治体ごとの規定なので、その国全体で適用されているとはかぎりません。地域によって異なります。

イジワルな指摘をする人がいそうだから先回りしていっちゃいますけど、罰則規定があるからといって、それが必ずしも適用されるわけではありません。違反した事実が明らかにならなければ、注意程度で終わってしまい、罰を科せられないのは、どこの国でも一緒です。

でもなにより大事なのは、具体的な罰則があるという事実、なんです。効力があるかどうかは、二の次です(あるに越したことはないですよ)。罰則を決めることは、すなわち、他人の権利を侵害すれば罰を科すぞ、という姿勢を行政が見せることに他なりません。ルールを絵に描いた餅で終わらせないためには、結果に対する責任を、キビシめの罰というカタチにして現実味を持たせる必要があります。

高い罰金払うくらいなら、トレーナーや犬の学校に相談してきちんとしつけたほうが安あがりで、犬も飼い主もご近所もみんなハッピーになれるのだ、という方向へ誘導しなければ、罰の意味がないんです。

べつにこれ、犬の被害にかぎりません。ルール違反者に対しては、互いに注意し改善を求める市民の姿勢も大切ですよ。まずは、口頭でのコミュニケーションによる解決を図ること。それで問題が解決すれば、傷つく人や不利益を被る人がほとんど出ずに済むんです。

それでもダメなら国や自治体が決めたルールと罰則で違反をやめさせ、市民の平穏な生活を守るという二段構えで臨むのが好ましい。

日本でも自治体によっては迷惑防止条例みたいなのがありますが、総じて、罰則規定が甘く、適用条件が厳しいんです。罰というものは、キツすぎても甘すぎても効果が得られません。絶対払えないような額の罰金ではたぶん開き直って払わないだろうし、安すぎると、カネさえ払えばなにもしなくていいってことになってしまいます。

日本は法の適用のしかたもヘタクソなんですよね。騒音防止条例でいうと、何デシベル以上なら違法とかいう規定になってたりしますけど、それだと犬の鳴き声を騒音計で計測しなければ罪に問えません。そんな機械、普通の人は持ってませんよ。

海外では、一〇分以上犬が鳴き続けたら罰金、などと定めている自治体もあります。これなら、ビデオかなんかで音声入りで撮影すれば、シロウトでも違反の証拠を提出できます。実際海外では、犬が鳴き続けると近所の人が警察に通報し、飼い主のところに警察がやってくることもあります。

日本は犬の迷惑程度では、警察は動いてくれないことがほとんどでしょう。こういった、罰とか法とか、その運用に関する意識全般が、日本では希薄に感じられてなりません。

二段構えの対応

教育と体罰の問題も、この犬の問題とまったく同じことがいえるのです。

日本では、犬（の飼い主）に対しても、学校でのこども（とその親）に対しても、悪さをして周囲の他人に被害をおよぼした場合に適切な罰則が科されていません。自主性を重んじる、ご遠慮してもらう、といったあいまいな対応で済ませようとして、結果的に被害者の権利がないがしろにされているんです。このふたつの問題は根っこが同じといいましたけど、その根っこが、まさにその点にあります。

私は放任主義だの、こどもの自主性にまかせる、なんて教育法を信じません。こどもは故意であれ無意識であれ、必ず悪いことをします。それはオトナが指導して改めさせなければいけません。才能を伸ばしたりするプラスの方向へ自主的に努力させるのは賛成ですが、マイナスへ向かう行為については、その是非の判断をこどもの自主性にまかせてはいけません。

なんていいますと、タカ派や体罰肯定派と同じ意見に聞こえそうですが、それは理念の部分だけです。指導方法に関しては、日本の現状はゆがんでいるとしか思えません。口でいってもきかなければ体罰？　なぜ、その中間の罰が規定されていないのか。

まずは口頭での叱責があって、それでもダメなら暴力以外の罰をきっちりと科す。この二段構えでほとんどの悪さには対応できるはずです。殺人・傷害・恐喝といった犯罪性が認められれば、法に委ねる三段目の対応があってもいい。

ただ、体罰だけでなく、すべての暴力は、緊急避難的にしか用いてはいけないものです。それは学校現場だけでなく、社会全体のルールなんですから。

訓告がもっとも重い懲戒

日本の学校教育法を、いま一度確認してみましょう。体罰は禁止されてますが、校長および教員は、教育上必要があれば、文部科学大臣の定めるところにより懲戒を加えることができる、と定められてます。

なんだ、ちゃんとそういう規定があるじゃない。……ヘンですね。それにしては学級崩壊やいじめなどの問題は、いまだに解決されてないようです。いったい、どんな懲戒がくだされているのでしょう。

懲戒の具体的な内容はなんなのか、学校教育法施行規則によると……はっきり書かれてないですね。むにゃむにゃした文章から推察するに、もっとも重い懲戒は退学・停学・訓告。この三つの処分は校長が行うこととなってます。その三つとそれ以外のなにかが懲戒だということになります。それ以外のなにかは明記されていませんが、どうやら出席停止処分などが該当するようです。

ただし、退学・停学・訓告の懲戒のうち、退学と停学は小中学生にはできないこととなってます。ってことは、小中学生が学校内でいじめや傷害や授業妨害などの重大な問題を起こしても、科せる処罰でもっとも重いのが訓告ということになります。訓告ってのは、口頭で叱ることです。それがもっとも重い懲戒って、どういうことですか。

いやいや、そりゃ私は、まずは言葉で叱れといいましたよ。いいましたとも。できるだけ実行もしています。でもそこまでは、オトナの常識として、世のオトナがみんなでやらねばならないことなんです。「校長は訓告することができる」とか法律で決めなくたって、叱るだけなら校長以外のだれがやったっていいんですから。

法律や行政に期待するのは、その次の段階。口でいってもきかないやつに、規定の罰を与えることなんですよ。非合法な体罰でこっそりやっつけるのでなく、あらかじめオープンにされた規定の罰を。

いじめや暴力、授業妨害など、あきらかに実害が生じている問題を、言葉で叱るだけですべて解決できるなんて、そんな甘い考えは、私は持ってません。

ただ、いきなり罰、ではなく、言葉での警告が先にあって当然でしょう。その上で、オトナが真剣に注意してもきかなければ、法の名のもとに罰をくだすぞ、という姿勢をおエラいさんが打ち出せといってるんです。

停学、自宅謹慎、奉仕活動など、具体的な罰はいろいろあるはずです。罰があることをわからせるだけで、実際にくださなくても、口頭で注意するオトナを間接的に掩護する効果は期待できます。でも日本ではそもそも、小中学生にそういった罰を与えることが許されてないんです。

罪と罰をオープンに定める海外の学校

海外では学校レベルで、校則による規定で罰を科せるようです。世界各国の校則を集めた、『こんなに厳しい！ 世界の校則』という本が出ています。日本国内のおもしろ校則を集めた本ならこれまでに何冊も出版されてますが、世界の校則となると意外にもこの本くらいしかありません。貴重な資料です。

編集者の狙いとしては、日本の校則をキビシいという人たちがいるけど、海外のほうがキビシいぞ、と伝えたかったようですが、読んでみて受ける印象は、それとは異なります。

海外の校則はキビシいのではなく、具体的かつ現実的なんです。こういう違反行為に対してはこういう罰を与えることがあるぞ、と細かく規定しています。たとえば、通学のスクールバスで、運転手の指示に従わなかったり窓からものを投げ捨てたりといった違反行為を三回繰り返すと、スクールバスの利用を禁止する、とかね。

もしこの罰を科されたら、むちゃくちゃ困るのは親ですよ。毎日こどもを自分の車で送り迎えしなければならなくなるんですから。だから、そうならないよう、こどもを本気で叱らざるをえません。実効性を重視してるんです。

アメリカ、メキシコなどの学校では、生徒が授業中にトイレなどの理由で教室を出るには、教師に許可証を書いてもらわないといけないルールになってるところが多いようです。許可証には、教師が退出理由や退出した時刻を記入します。そのルールに従わず、勝手に抜け出したら親に報告され、それが二回重なると停学、などと具体的な罰則規定があるんです。

このように、罪と罰の関係が明確に宣言されてます。これをやったらこうなるってことが、あきらかに予告されてます。それにひきかえ、日本の校則は全体的にふわっともやっとしています。こういう行為はいけない、というところまでは細かく書かれていても、じゃあそれに違反したらどんな罰が下されるのかは、言葉を濁してる。オープンにせず含みを残してるあたりがいやらしい。

二回、三回違反したら罰、というシステムも、欧米ではポピュラーです。最初に違反したときと二回目までは、口頭での注意で済むけれど、三度目は有無をいわせず停学や謹慎といった罰が与えられます。

これこそがまさに、「口でいってきかなければ……」と日本のみなさんが理想に掲げるやりかたではないのですか? 欧米の学校でそれを実践してるのに、「仏の顔も三度」ということわざがある日本で普及していないのが皮肉です。

出席停止は使えるか

学校教育法により、停学も自宅謹慎も許されない日本でも、現在ではいちおう、出席停止処分は可能ということになってます。

停学と出席停止はどうちがうのか、だれしも疑問に感じるところですが、そこはあえてボカされています。文部科学省の通達では、出席停止は問題を起こした本人に対する懲戒ではなく、あくまで学校の秩序を維持するための制度である、と強調されてます。

なんでそんな体《てい》を装ってるのかというと、学校教育法に抵触することなく、停学と同じ効果を実現したいからでしょう。もしも出席停止が停学と同じとみなされたら、それは学校教育法上できないことになってしまいます。

なんかすっきりしませんね。「こういう罪にはこういう罰を与えるぞ！」って竹を割ったような処分をくだすのでなく、「きみは悪いことをしたね。だから出席停止にするよ。だけどこれはきみを罰しているのではないのだよ。学校の秩序を維持するためだからね」と、おためごかしの詭弁を弄し、法の抜け穴を利用したみたいな姑息な手段で処分する。

ちがうでしょ。だれだって、結果に対する責任は取らなければいけないんです。悪いことをしたら罰せられる。なぜこの単純な社会の仕組みをこどもたちに教えようとしないのですか。

出席停止処分が実際にくだされることが少ないのは、クリアしなければいけない条件がやたらと多くて面倒だからです。学校には出席させないけど自宅謹慎は違法だからできない。欠席扱いではないから、学習指導はしなければならない。どうやって？　文科省は通達で、地域の教育センターみたいなところで学習させろみたいなことを命じてますけど、だれがやるの？

こうした手間を考えると、なんだやっぱり体罰でガンってやっちまったほうが手っ取り早いじゃないか、と悪い考えを起こしますよ。ルールによる誘導のやりかたがまちがってるんです。

体罰に頼るようになった背景

結局、なぜ日本の教育が——正確には、現場の教師がなぜ体罰に頼ってしまうのかといいますと、エラい人たちが自分で責任を取りたがらないからなんです。

文部科学大臣、文科省、教育委員といったおエラいさんたちは、自分らがめんどうなことに関わりたくないから、罰則規定をあいまいにして、すべての責任を現場の教師に丸投げしているのです。教師の指導力で解決まで導きなさい、結果を出しなさい、ただし退学も停学もダメだからその他の方法でお願いね、解決できなければあんたの指導力不足とみなしますよ、と押しつけて、知らん顔をする。そうなったら教師は、最終的に体罰に頼るしかなくなるのは目に見えてます。

ここまで体罰を批判してきてナンですが、体罰をふるう教師の側にも、一分の理があるのは認めます。べつに暴力の肩を持とうというのではありません。戦後の体罰報道記事に目を通したとき気づいたんです。戦後最初に体罰が問題となり出した昭和三〇年代の学校では、教師だけでなく、生徒もかなり暴力をふるってました。

『婦人公論』昭和三二年九月号の体罰特集記事は、こんなジョークではじまります。

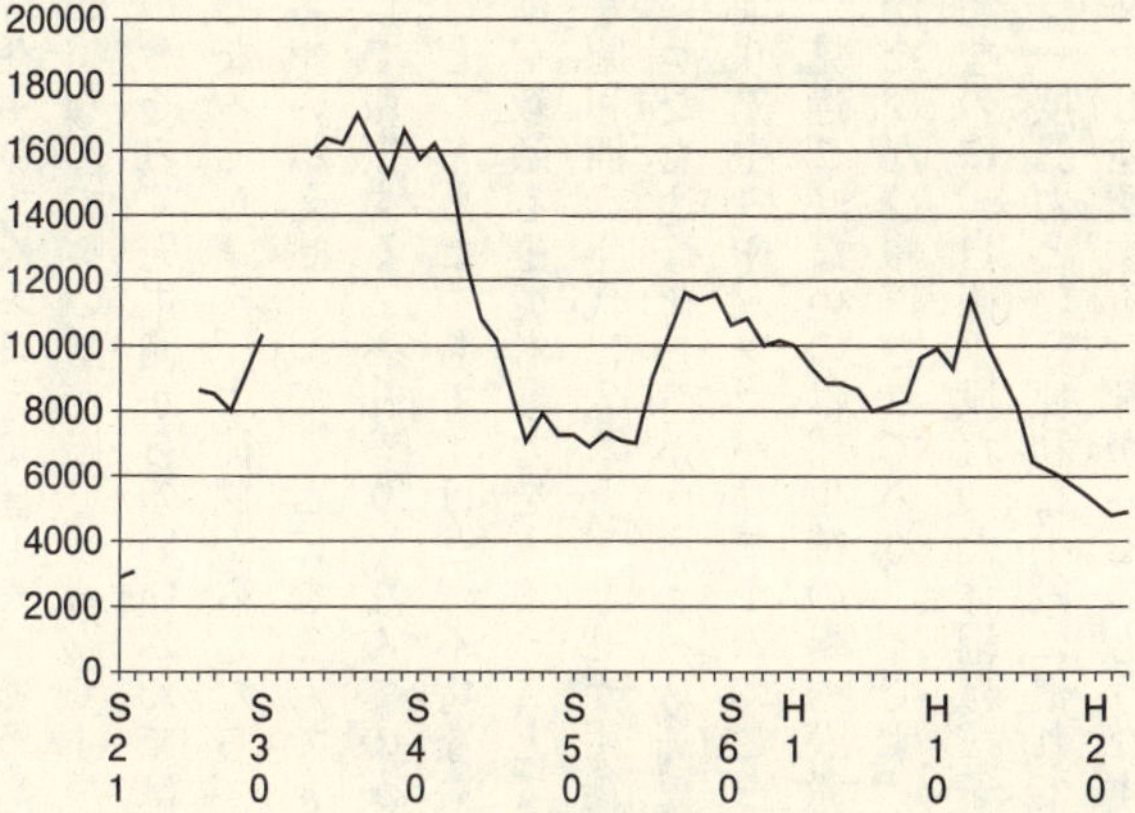

未成年傷害検挙者数

警察庁　犯罪統計書より作成　線が切れているのは傷害のみのデータがない年

「先生、大変だ」

「何だ。殴られたのか殴ったのか」

映画『ALWAYS三丁目の夕日』では、昭和三〇年代は貧しかったけど人情味あふれるあたたかい時代として描かれてます。しかしそれは社会の一面でしかありません。

犯罪統計にもはっきりとあらわれてますけど、昭和三〇年代というと、未成年による傷害事件が戦後もっとも多かった時期なんです。傷害罪で検挙された未成年者の人数は、現在の三倍以上、年に一六〇〇〇人くらいもいました。

当然、学校内でも暴力沙汰が頻繁に起きていたんです。当時は生徒も先生も暴力をふるってました。そういった背景があったから、殴ったのか殴られたのか、なんて笑い話が出てくるんです。

おそらく先生側からのいいぶんでは、暴力生徒に対抗する自衛手段としての体罰だ、となるでしょう。生徒側からしたら、先公が手ぇ出してくるなら、こっちだって黙っちゃいねえぜ、ってことになるんです。卒業式のあとに、気にくわない先生を呼び出して報復する〝お礼参り〟なんてのがよく行われてたのもこの時期です。

どっちもどっちですけど、不埒《ふらち》ないいかたを許してもらえるなら、昭和三〇年代には、教師も生徒も暴力をふるうことで、均衡が保たれていたのかもしれません。それが昭和四〇年代に入ると、なぜか生徒による暴力や傷害事件は激減します。ところがいったん沈静化したかに思えた校内暴力は、昭和五〇年代に再燃します。『3年B組金八先生』や、ツッパリブームのころですね。

見過ごせないのは、生徒の暴力が激減した昭和四〇年代にも、教師による体罰事件がたびたび報道されていることです。生徒の暴力が沈静化したら体罰も不要になるはずなのに、自衛手段だった体罰は、予防手段と名目を変えて続けられていたようです。一度暴力という便利な手段に慣れてしまうと、手放せなくなるんですね。体罰は麻薬だと述懐する教師がいるのもうなずけます。

体罰による指導を続ければ、生徒の暴力を抑止・予防できるはずだとの期待は、見事に裏切られました。昭和五〇年代になると、また校内暴力の嵐が吹き荒れたのですから。体罰でこどもをしつけることはできないと証明されてしまったようなものですが、それでも体罰の信奉者は考えを変えません。それどころか逆に、生徒が従わないのは体罰がまだ足りないせいだと信じ、ますますエスカレートさせていきかねません。そしてついには死人や怪我人を出す悪循環に陥っていきました。

私の教育改革・知らないオトナと話す

じゃあ、どうすれば日本の教育を変えられるのか。体罰を排除するには、コミュニケーションとルールの二段重ね、それにプラスしておエラいさんの覚悟が必要です。

もしも私が校長になったらどうするか。まずは、こどもたちが他人とできるだけ関わるようにします。

日本の学校教育では――というか、日本社会全体にもあてはまることですが、なにか不満があっても、言葉で相手に注意したり、行動を変えてくれるよう他人と交渉するといった姿勢が、非常に弱い。

近所のこどもやよそのオトナにじかに口頭で注意している人なんて、ほとんど見かけません。注意してトラブルになるくらいならひたすらガマンすることを選ぶ日本人が多い現状からすると、学校の先生たちがいう、「口でいってもきかない」という言葉を、私は信用できません。

ことあるごとに、〝ふれあい〟なんて言葉を使って人間関係の大切さをほのめかしますけど、実態は、自分と意見を同じくする者同士とだけ〝ふれあい〟を求め、意見のあわない人とは極力ふれあわない。それどころか危ない人として避けようとする。

他人とふれあうことは、必ずしも楽しいことばかりではありません。心がほっこりするどころか、傷ついたり腹立ったりすることも多いんです。他人とのふれあいがこわくてひきこもってる人たちの感性は、正しいんです。ひきこもりの人たちは、人間を正しく見すぎるゆえに、過剰に他人を恐れてしまっているのです。

だけど、不愉快な相手に注意したり、苦手な人と交渉して傷つくことも立派な〝ふれあい〟だし、そういう現実と向き合うのも大事な教育です。

たとえば、学校で吹奏楽部が練習してると、近隣住民から、うるさいと苦情が来ることがあるそうです。そういうときに学校側はどうしてるのかと聞くと、窓を閉めて練習させるのが一般的な対応らしいです。

お金持ちの子弟が通う私立校なら、防音冷暖房完備の音楽室があるかもしれませんけど、いまだに冷房設備のない公立校もたくさんあります。夏の暑い中、窓閉めての練習はきついでしょ。ガマンできるならいいけど、ガマンできないような暑さが続いたら、きっと生徒たちは、苦情をいってきた人を恨むようになります。

もし私が校長で、そういった苦情を受けたら、吹奏楽部の生徒たちを、その人のところに直接出向かせ、交渉させます（もちろん一人でなく複数で。万が一アブナい人だったら困るから）。相手がどういう点に不満を持っているのかをきちんと聞いた上で、交渉の余地がないかどうか考えさせます。たとえば、毎日何時から何時までの一時間だけ、窓を開けて練習させてもらえないか、とか、発表会前の二週間だけは特別に練習時間の延長を認めてもらえないか、とか。

自分たちで交渉して約束を取り付けたなら、それは責任もって守らないといけません。もし約束を破って練習すれば、相手は全面的に許してくれなくなるでしょう。

人それぞれですから、取りつく島もない人もいます。その場合も、交渉してダメだったんだからしょうがない。あまりこじれてしまったら、校長や教師が相手に謝罪しに行けばいい。ただ、最初からオトナが出ていかない。生徒たち自身に知らない人と交渉するという経験をさせることが、大切ですから。

就職活動がうまく行かずに悩む大学生は多いのですが、私が思うに、それが生涯ではじめて、知らないオトナと本気で交渉する機会だからじゃないのですか。だとしたら、うまく行かなくて当然ですよ。中学生くらいから、知らないオトナとコミュニケーションを取る訓練をもっとさせたらどうですか。

互いの顔が見えないから、余計に腹が立つってこともあります。顔つき合わせて交渉すれば、多少の譲歩をしてくれる人は少なくないと私は信じます。それは自分が他人に注意してきた経験上いえることです。

ルールと罰則をオープンにする

そして、ルールと罰則を明文化し、前もって公表すること。

言葉での交渉が基本だとはいっても、それは万能ではありません。うまく行かない場合もあります。ささいなことならガマンしてもいいけれど、もしも実害が生じているようなら、そこはルールと罰則で処理しなければいけません。授業中に騒いで妨害する生徒がいたら、教師が注意し、親に連絡し、それでもやめなければ校長や教育委員の権限と責任において、謹慎処分などの罰則を科せるようにします。

このルールと罰則は、公表します。ルールにない罰を教師が勝手に科すことは固く禁じます。当然、体罰もダメ。

ただしこれに関しては、先ほどもいったように、おエラいさんのほうで法を改正してもらう必要があるかもしれません。いえ、むしろ、そういう罰則は都道府県や国レベルで決めてしまったほうが後腐れがないんです。

文部科学大臣と文部科学省が法律の改正を提案して、こういう違反行為にはこういう罰を与えるようにせよと、ある程度細かいガイドラインを決めてしまっていいんです。自治体の教育委員会がそれをもとにさらに細かく決めてもいいですし。

私が不思議に思うのは、校則全文をネットなどで公開している学校がほとんどないことです。むしろすべての公立校の校則は、その地域の教育委員会のサイトで一括して公開し、だれでも閲覧できるようにしておくべきでしょう。べつにやましいことがないのなら、ルールを公開することに問題はないはずです。

そうすれば、こどもや親も、入学前にその学校にどんな校則があるのか知ることができます。それなら、どうしても納得できない校則のある学校には、入らずべつの学校を選ぶこともできますし。

それとも、校則を公の目にさらすことは、なにか安全上の問題があるんですかね？

指導は現場の教師がする。処罰は校長や教育委員などのおエラいさんがする。そうきっちり分けるんです。現場の教師が、なにか問題が起きていても、うやむやにしようとするのは、生徒を処罰すると教師の責任になり、生徒や親に恨まれたり嫌われたりする可能性を恐れているからです。自分が悪者になりたくないからです。

教師が指導してもおさまらなかったら、あらかじめ決められたルールに則って、教育委員が処罰を下す。文句がある親は教育委員と争ってもらう。いじめにせよなんにせよ、本来なら教育委員は被害者側の味方をして処分を下すべきなんです。加害者側の親がその処分に不満なら、加害者側と教育委員が話し合いでも争いでもすればいい。現状では、なぜか教育委員はつねに加害者側の味方をして、被害者と争う構図になってること自体がおかしいんです。

校長、教育委員、文科省、文科大臣は、自分たちが憎まれ役になる覚悟を持ちなさい。現場の教師の指導をきかない生徒は、われわれの権限と責任で処罰をくだす。文句がある親は、われわれが相手をするから、いいにきなさい、くらいのことを明言したらどうですか。そうすれば、現場の教師が体罰でクラスを鎮圧する必要性がなくなるし、モンスターペアレンツとの対応で悩まされることも減るでしょう。

私は一個人という立場で、嫌われたり疎まれたりするリスクも承知の上で、近所のこどもやオトナの不愉快な行為を注意しています。高い給料や報酬もらって、プロの教育関係者の肩書き持ってる人間たちが、責任は引き受けない、悪者にはなりたくない、いいひとでいたい、尊敬されたい、トラブルと無縁のまま任期を終えたいなんて腑抜けたことをいってもらっては困ります。

教育委員は県や政令指定都市で月額二〇万円以上、市で六万円以上の報酬をもらってます。それで割が合わないというなら、もっと報酬あげてもいいですよ。その代わり、憎まれ役を引き受ける覚悟を持ちなさい。憎まれ役になることのできない人間は、人の上に立ってはいけません。

暴力と戦う姿勢

そしてもちろん、体罰を含むすべての暴力を禁じることを学校が宣言すること。すべてというのは、教師から生徒への体罰だけでなく、生徒から教師への暴力、生徒間の暴力も含みます。教師が生徒を殴ることは絶対に禁じます。同時に、生徒が教師に暴力をふるうことも決して許しません。

そのために、教師全員に護身術を習わせます。武道はダメです。特殊部隊の人とかを講師として招きます。現実に暴力をふるう人間は、ルールを守りません。いきなり刃物を振り回したり、急所を攻撃してきたりします。ルール無用の現実の暴力には、ケンカや戦争のプロに学ばなければ対応できません。

教師が護身術を習っていることも公表します。生徒からの暴力には屈しない姿勢を見せるためです。その代わり、教師が体罰をふるうことも絶対に禁じると、生徒たちに宣言します。暴力をふるうこともふるわせることも、本気で許さない、違反者は教師であれ生徒であれ、即、警察に突き出すくらいのルールがあってもいいんじゃないですか。

道徳は役に立ちません

最後の最後でまた爆弾発言になりますが、道徳教育や思想教育は無意味です。なんの役にも立ちません。本書でもさんざん例をあげましたが、現代より道徳心がしっかりしていたはずの戦前にも、道徳の退廃はいまと変わらず起きてました。いくら道徳教育を強化しても、世の中がよくなる可能性はありません。

道徳教育は、いわゆる「いい子」には過度のプレッシャーを与える一方で、「悪い子」を改心させる効果はまったく期待できません。

だいたい、すでに日本中いたるところに、道徳心に訴える貼り紙や看板があるじゃないですか。町を歩けば、犬のフンを持ち帰りましょう、自転車の不法駐輪はやめましょう、そんな看板だらけです。道徳心に訴えて効果があるのなら、だんだんそういう看板は減っていくはずですが、逆に年々増える一方です。

大阪に行ったら地下鉄内に、「ちかん、あかん」という掲示がありましたけど、それを見て、「せやな。あかんな。もうやめるわ」と心を入れ替えたちかんがどれだけいるのですか。無断で他人のケツ触るのも、犬のフン放置するのも、自転車をじゃまなところに停めるのも、みんな道徳的に悪いことだと承知の上でやってるんです。

意外に聞こえるでしょうけど、じつは道徳というのは、効率最優先の方法論なんです。ともすると、効率や儲けのみを追求する経済手法を、道徳家は人間不在と批判しますけど、道徳という方法論こそが、効率至上主義の最たるものであることに、道徳家のみなさんはお気づきでない。

これはやめましょう！　と大きな声でみんなに叫び、一斉に不道徳な行為をやめさせようとするマクロ的な手法、それが道徳です。貼り紙するだけで、スピーカーから大音量でメッセージを流すだけで、校長先生が朝礼で全校生徒にいい話をするだけで、だれも傷つかず傷つけず、世の中を変えようとするのが道徳です。最低限の労力で最高の効果を得ようとする、なんとも安易で虫のいい人たち、それが道徳家の正体です。

で、効果のほどはというと、まったくありません。一度に大勢に対して一般論を叫んでも、だれの心にも届かないからです。だれもそれが自分に向けられた言葉だとは思わないからです。

私がやってるような、じかに相手に注意したり交渉したりというミクロなコミュニケーションの手法は、効率という面で考えると、最低です。一度にひとりしか相手にできないんですから。その代わり、相手の心にダイレクトに届きます。相手は傷つくかもしれません。むこうが逆ギレして、注意したこっちが傷つくリスクもあります。でも、効果はあります。少なくとも、マクロな道徳を語るだけでなにも行動しない人よりは、ずっとね。だからリスクを冒してやってみるだけの値打ちはあると、私は信じてます。

儒教など、古代中国思想にいまだに染まってる人たちは、法か道徳かの二元論にとらわれてますけど、法を補完するのは道徳ではありません。コミュニケーション能力です。他人と関わる能力と気力です。個人と個人のコミュニケーションを伴わない道徳なんて、善人の自己満足にすぎません。

教育には、道徳も思想も不要です。コミュニケーションとルールと、おエラいさんが責任を負う覚悟があれば、教育改革は可能です。逆に、この三つのどれが欠けても、教育改革は永久に夢のまた夢で終わることでしょう。

文庫版あとがき

　単行本発売から三年半、以前よりも怒る機会がかなり減りました。自分自身の心情や意識に変化があったわけではありません。変化したのは住環境と行動範囲です。

　以前は千葉の郊外の団地に住んでましたけど、いまは東京の下町っぽいところにいます。住宅がごみごみと密集した地域はやかましいかと思いきや、実際に住んでみるとわりと静かです。

　ときおり路地をこどもたちが駆け回る足音や声が聞こえますが、許容範囲で気になりません。でも二回ほど、度を越して騒いでたときがあって注意しました。不快な行為をしている近所の人と交渉し、譲歩してもらったこともありました。それ以来、ほぼ平穏な日々をすごしています。

専門的な調査が必要な仕事が増えたため、地域の公共図書館よりも国会図書館や大学の図書館を使わせてもらうようになったのも、怒らなくなった原因のひとつです。そういった図書館には、子どもや年寄りはあまりきませんので。

それでも、またいつでも他人に怒ろう、注意しようという心構えだけは持ち続けなければいけないと考えてます。

世界中、どこに行っても不快な行為をする人はいます。すべてに怒れとはいいませんが、ある程度は不快な他人とコミュニケーションをとる覚悟がないと、一生、ガマンと逃げを続けるハメになります。

文庫化に際し、文庫版の「はじめに」と「あとがき」を追加しましたが、それ以外、単行本の内容を大幅に変えた個所はありません。

ただ一個所のみ、単行本の第五章にあった、住民による防犯夜回り活動を勧める一節だけはカットしました。

単行本執筆時の私は住民による夜回り活動の実態をほとんど知らず、効果があるものだと想像していました。しかしその後、防犯パトロールなどと呼ばれる地域活動の実態を取材し、犯罪統計と比較したところ、犯罪抑止効果はほとんどないことがわかりました。

　パトロールに犯罪抑止効果が望めるのは、繁華街など犯罪が多発する地域だけです。日本の住宅地の犯罪発生率はそもそも、世界的にもまれなくらいに低いので、防犯パトロールをやってもやらなくても犯罪発生率に変化はありません。

　ガーディアン・エンジェルスのような目的意識がはっきりした団体とちがい、町内会でやってる防犯パトロールの実態は、おそろいの蛍光グリーンのジャンパーを着た仲良しウォーキングにすぎません。

　彼らに話を聞くと、「防犯意識の高い町だとアピールすることで犯罪者を寄せ付けないようにしてるのだ」と胸を張りますが、あんなのを目にしたくらいで泥棒や不審者が恐れをなして犯行を思いとどまったりはしません。

　それでも厄払いのおまじない程度の気休めにはなりますから、やる、やらないは信仰の自由です。やりたい人がやるのは止めません。ただし、他人にまでやらせようとするのは、もってのほか。町内会で義務化したり、やらない人を批判したりするのは、ゆがんだ正義の押し売りなのでやめてください。

　自警団の実情や、日本人のとんちんかんな防犯意識については拙著『「昔はよかった」病』に書きましたので、詳しく知りたければそちらをお読みください。

参考文献

4 怒りと向き合う

長谷川町子『長谷川町子全集』1〜23巻 朝日新聞社
清水勲『サザエさんの正体』平凡社
中島義道『怒る技術』角川文庫
中島義道・加賀野井秀一『「音漬け社会」と日本文化』講談社学術文庫
辛淑玉『怒りの方法』岩波新書
『女性自身』1999年11月9日
『岩波仏教辞典 第二版』岩波書店
『朝日ジャーナル』1979年2月23日号

6　注意するのは危険なことなのか

警察庁『平成22年の犯罪』
『現代思想』2012年4月
広田照幸『日本人のしつけは衰退したか』講談社現代新書
五十嵐太郎『美しい都市・醜い都市』中公新書ラクレ
『SPA!』2008年8月12・19日号
『dankai パンチ』2008年8月

7　電車マナーの近現代史

蔵田国秀『現代国民作法精義』二松堂書店
Jean-G Gehricke 他 "Nicotine-induced brain metabolism associated with anger provocation"
毎日コミュニケーションズ『明治ニュース事典』
毎日コミュニケーションズ『昭和ニュース事典』
『週刊大衆』1994年7月11日
『化粧文化』2000年5月

『現代』２００２年７月
『週刊実話』２００４年６月17日
『サンデー毎日』２００９年７月12日
坂東眞理子『女性の品格』ＰＨＰ新書
田中大介「車内空間の身体技法」（『社会学評論２００７ No.1』）
芝雷山人『電車百馬鹿　増訂２版』開正舎
サトウサンペイ「MINE Watching 18」（『ＭＩＮＥ』１９８８年９月25日号）
国土交通省鉄道局「三大都市圏の最混雑区間における平均混雑率・輸送力・輸送人員の推移」（http://www.mlit.go.jp/tetudo/toshitetu/03_04.html）
澤口俊之『平然と車内で化粧する脳』扶桑社

8

犬とこどもと体罰と

江森一郎『体罰の社会史』新曜社
「現場教師ホンネ座談会」（『総合教育技術』２０１２年６月）
関口雄祐『イルカを食べちゃダメですか？』光文社新書
内澤旬子『世界屠畜紀行』角川文庫

"Hot dogs going spare in Switzerland" (http://www.reuters.co.uk/newsArticle.jhtml?type=oddlyEnoughNews & storyID=4112801&section=news)
環境省自然環境局　動物の愛護管理のあり方検討会　配付資料 (http://www.env.go.jp/nature/dobutsu/aigo/2_data/arikata.html)
「H24年度におけるクマ類による人身被害について」環境省
堀明『犬は「しつけ」でバカになる』光文社新書
『週刊朝日』1957年3月3日
ペットフード協会「平成23年全国犬猫飼育実態調査」(http://www.petfood.or.jp/data/chart2011/index.html)
富澤勝『日本の犬は幸せか』草思社
藤井聡『しつけの仕方で犬はどんどん賢くなる』青春出版社
藤井聡『犬のしつけのツボ!』日東書院本社
堀明『図解雑学イヌの行動　定説はウソだらけ』ナツメ社
西川文二『犬は知的にしつける　改訂版』ジュリアン
渡辺格『ヨーロッパ式犬の育て方・しつけ方』鎌倉書房
渡辺格、伊藤孝太郎『あなたの犬のしつけは間違いばかり!』誠文堂新光社

グレーフェ彧子『ドイツの犬はなぜ幸せか』中公文庫
『法律時報』2001年4月
『ペット六法　第2版　法令篇、用語解説・資料篇』誠文堂新光社
『新潮』1957年9月
『週刊新潮』1957年7月22日
『週刊サンケイ』1972年5月19日号
NHK取材班　今橋盛勝『NHKおはようジャーナル　体罰』日本放送出版協会
『児童心理』1948年11月　他、各号
吉田眞澄「ペットの品格　日本と世界のペット事情」(http://www.asahi-kasei.co.jp/hebel/pet/kenkyu/hinkaku/index.html/)
寺島しのぶ「夫ローランのしつけ」(『文藝春秋』2007年12月)
"Mayor of Rome wages war on dog droppings" (http://www.reuters.co.uk/newsArticle.jhtml?type=oddlyEnoughNews&storyID=3380420&section=news)
"Paris: battle over dog mess being won" (http://today.reuters.co.uk/news/articlenews.aspx?type=oddlyenoughnews&storyID=2006-09-06T150253Z_01_L06194820_RTRIDST_0_OUKOE-UK-FRANCE-DOGS.XML)

"Barking dogs can land owner in jail" (http://uk.reuters.com/article/2011/02/10/oukoe-uk-italy-dogs-idUKTRE71936120110210)
菊地三恵『これで解決！ 愛犬の問題行動』日本放送出版協会
『日本経済新聞』２００４年12月５日
『毎日新聞』１９９７年10月18日夕刊
『朝日新聞』１９９９年３月20日
『朝日新聞』２０１０年９月22日
二宮皓監修『こんなに厳しい！ 世界の校則』メディアファクトリー新書
警察庁『犯罪統計書』
文部科学省「教育委員会制度について」(http://www.mext.go.jp/a_menu/chihou/05071301.htm)

この作品は二〇一二年一二月に技術評論社より刊行された。

ちくま文庫

日本人《にほんじん》のための怒《おこ》りかた講座《こうざ》

二〇一六年七月十日　第一刷発行

著　者　パオロ・マッツァリーノ
発行者　山野浩一
発行所　株式会社　筑摩書房
東京都台東区蔵前二―五―三　〒一一一―八七五五
振替〇〇一六〇―八―四一二三
装幀者　安野光雅
印刷所　三松堂印刷株式会社
製本所　三松堂印刷株式会社

乱丁・落丁本の場合は、左記宛にご送付下さい。
送料小社負担でお取り替えいたします。
ご注文・お問い合わせも左記へお願いします。
筑摩書房サービスセンター
埼玉県さいたま市北区櫛引町二―六〇四　〒三三一―八五〇七
電話番号　〇四八―六五一―〇〇五三

ISBN978-4-480-43363-3　C0195